Winterzeit, Weihnachtszeit – das ist auch für den besten Freund des Menschen, den Hund, eine besondere Zeit. Die Welt steckt voller Überraschungen: der erste Schnee, ein Baum mitten im Zimmer, und überall duftet es nach Braten und Weihnachtsplätzchen.

Die hier versammelten kurzweiligen Geschichten erzählen von Abenteuern und Erlebnissen von und mit unseren vierbeinigen Freunden. Ein Buch nicht nur für Hundefreunde!

insel taschenbuch 3637

Weihnachten mit Hund

Weihnachten mit Hund

Neue Geschichten

Ausgewählt von Gesine Dammel

Insel Verlag

Umschlagabbildung: © Getty Images

insel taschenbuch 3637
Originalausgabe
Erste Auflage 2010

Quellenverzeichnis am Schluß des Bandes
Vertrieb durch den Suhrkamp Taschenbuch Verlag
Umschlag nach Entwürfen von Willy Fleckhaus
Druck: CPI – Ebner & Spiegel, Ulm
Printed in Germany
ISBN 978-3-458-35337-9

1 2 3 4 5 6 – 15 14 13 12 11 10

Inhalt

Eugen Roth, *Emir von Waldhagen* 9

Robert Gernhardt, *Die Geschichte von Bella* 13

Elizabeth von Arnim, *Coco* 24

Charlotte Link, *Wirklich clever, dieser Weihnachtsmann* . 50

Patricia Highsmith, *Zu Weihnachten tickt eine Uhr* . . . 57

Joseph Viktor Widmann, *Öhmchens Weihnachtsbaum* . . 81

Bettina Goldner, *Sternenstaub* 92

Hanne Wickop, *Die drei Zuckerbäcker* 102

Sigrid Undset, *Fröhliche Weihnachten* 109

Jurij Brézan, *Hunds Tagebuch* 123

Agnes Miegel, *Mohrchen* 131

Leonard Wibberley, *Die Zeit, in der die Schafe lammen* . 139

Quellenverzeichnis 152

Eugen Roth
Emir von Waldhagen

»Wenn ich einen Hund hätte«, klagte der kleine Thomas, »dann könnte ich alle Tage mit ihm spazierengehen.« Die Anschaffung eines Vierbeiners wurde erwogen, eine Züchterin aus Waldhagen las in meinem Buch »Unter Brüdern« von unserer Bereitschaft und schenkte uns einen ganz jungen Dalmatiner; Freunde, die im Westfälischen zu tun hatten, brachten ihn uns wohlbehalten und munter ins Haus.

Mit dicken Pfoten und einem drollig-dummen Kindergesicht lief das Hündchen im Garten herum und fiel gleich in das Planschbecken, in dem zum Glück noch kein Wasser war. Daß das Tier eines der schönsten seiner Art werden sollte, war noch nicht vorauszusehen, aber unsere Liebe hatte es auf den ersten Blick. Nicht leicht war es, einen Namen zu finden, mit E mußte er angehen, nach den strengen Regeln der Rassehundezucht. »Emir« nannten wir ihn schließlich – und wenn ich für jedes Zitat: »Da sprach der Scheich zum Emir« eine Mark bekommen hätte, wäre ich ein reicher Mann geworden.

Ich will keine langen, rührseligen Hundegeschichten erzählen, denn wer weiß, ob alle meine Leser auch Hundefreunde sind. Freilich, unser Emir ist im Umkreis von Nymphenburg weit berühmter geworden als ich, und nach hundert Fehlmeinungen – Kinder hielten ihn für eine Dogge, seiner Flecken wegen für einen Leoparden oder gar für eine Giraffe – weiß nun weitum jedermann, daß es der Dalmatiner Emir vom Doktor Roth ist. Daß auch ich selbst von diesem

Ruhm Gewinn ziehe, ist erwiesen, ich werde als der alte Mann bemitleidet, der von seinem Hund durch die Gegend gezerrt wird. Es ist ja so geworden, daß Thomas, der um den Hund gebettelt hat, kaum einen Schritt mit ihm spazierengeht, sondern daß wir Eltern Abend für Abend, ob's regnet oder schneit, bis zur Erschöpfung durch die Straßen wandern.

Lassen wir den Emir frei laufen, ist er im Nu wie weggezaubert, verschwunden; bange Stunden lang suchen wir ihn: »Haben Sie nicht einen weißen Hund mit braunen Flecken gesehen?« Die Auskünfte gehen meilenweit auseinander – bis wir hoffnungslos und schweißgebadet heimgekommen, von dem weit entfernten Pasing angerufen werden, der Hund (vorsichtshalber mit unserer Fernsprechnummer versehen) treibe sich dort herum; meine Frau wirft sich um Mitternacht ins Auto und bringt den Ausbrecher zurück. Manche Flasche haben wir schon geopfert, um den Aufseher im Schloßpark von seiner Drohung abzubringen, er werde den streunenden Köter das nächste Mal erschießen.

Und nun bitte ich die Leser ganz bescheiden, doch eine Hundegeschichte – von hundert, die ich im Kopf habe – erzählen zu dürfen. An meinem Geburtstag, mitten im Januar, ist mittags große Familieneinladung bei meiner Schwester, pünktlich um ein Uhr. Da habe ich, gegen elf, noch anderthalb Stunden Zeit, den Emir spazierenzuführen in den nahen botanischen Garten. Es ist nicht nur hundekalt, weit kälter ist es, Stein und Bein friert es, bei zwanzig Grad unter Null. Noch nie ist Emir im botanischen Garten gewesen; ein enges Türlein nur steht offen, ein Schlupfloch. Kein Mensch ist auf den verschneiten, weit verschlungenen Wegen – da kann ich, so denk' ich mir, das vor Frost zitternde

Hündchen doch vom Halsband lassen, es soll sich nur tüchtig auslaufen. Rings sind ja drei Meter hohe, lückenlose Zäune, da kann der Hund nicht entkommen. Kaum habe ich die Leine gelöst, schießt der Emir wie der sprichwörtliche Pfeil davon – schon ist er außer Sichtweite. Noch bin ich unbesorgt, an der nächsten Wegbiegung wird er wieder auftauchen. Ich äuge in jeden Winkel, die Zeit vergeht, und nirgends ist das bis zum Mistvieh herabgewürdigte edle Tier zu erblicken. Vergeblich bemühe ich mich als Fährtensucher, ein paar verwehte Spuren verlieren sich. Ich fange an zu rufen, zornig zuerst, dann klagend: Ich müßte längst zu Hause sein, aber den Hund kann ich bei der Kälte nicht seinem Schicksal überlassen, der erfriert ja! Eine Weile laufe ich noch herum, im Wald und auf der Heide suche ich nicht meine Freude, sondern den Hund; sogar ins Alpinum steige ich Jubelgreis hinauf, schwitzend trotz der grimmigen Kälte, aber von Jubel kann die Rede nicht sein, der den Verlorenen begrüßen dürfte.

Ich breche, schweren Herzens, das Unternehmen ab, fast ist es schon ein Uhr. Ich werde, so hab' ich's vor, die Familie, die Nachbarn zusammentrommeln zu einer Treibjagd; dann muß es ja gelingen, ein weithin sichtbares braungeflecktes Wesen aufzustöbern; gar so weitläufig ist ja der wohlumhegte Garten auch nicht.

Wie ich daheim zur Tür hineintrete, fragt mich meine Frau vorwurfsvoll, wo ich so lange bliebe. Der Emir sei schon seit einer Stunde da. Und da kam er auch schon, mit unschuldigem Freudengebell sprang er mir an die Brust. Schnurstracks mußte er durch das enge Pförtchen geschlüpft und nach Hause gelaufen sein.

Ich weiß schon, es gibt weit großartigere Hundegeschichten, Berichte über treue und kluge Tiere, die hundert Meilen weit – und nicht nur eine – zu ihrem Herrn heimgefunden haben. Aber mehr habe ich auch nicht zu bieten; übrigens ist Emir weder treu noch klug, sondern nur edel, schön und lieb. Er ist inzwischen ein hoher Greis geworden mit seinen fünfzehn Jahren, immer noch schlank und rüstig. Ich lebe um die Wette mit ihm, aber er, der Glücklichere, weiß es nicht. Ein Hund hätte man werden sollen, freilich einer wie Emir von Waldhagen, mit einem langen Stammbaum, ein Freiherr, der nur tut, was er will, und der ausgerechnet in eine Familie kommt wie die unsere.

Robert Gernhardt
Die Geschichte von Bella

Sechzig Jahre währt nunmehr mein Erdenwallen, fast die Hälfte dieses Weges haben mich Katzen begleitet: Hauskatzen und Vagabunden, eigene Katzen und Pflegekatzen, Katzenmütter, Katzenkinder und Kater. Almut Gernhardt, meine verstorbene Frau, malte am liebsten Katzen, unsere und fremde; ich schaute mir ihre Bilder gut an und ließ mich von den Dargestellten zu Gedichten anregen: »Stumm liegt die Katze auf dem Tisch und denkt an einen Räucherfisch ...« So entstanden in den siebziger Jahren einige Kinderbücher, in den Achtzigern drängte es mich, auch Erwachsenen darüber zu berichten, was Katzen mich gelehrt hatten: »Von einer Katze lernen / heißt siegen lernen. / Wobei ›siegen‹ lokker durchkommen meint, / also praktisch: liegen lernen.«

Und in den Neunzigern schließlich glaubte ich mich reif, die Summe meiner Katzenerfahrungen ziehen zu können, indem ich in die Rolle und die Seele der Katze Schimmi schlüpfte, um ihre tiefsten Geheimnisse auszuplaudern. *Was deine Katze wirklich denkt* war das Büchlein überschrieben – aber warum erzähle ich das alles eigentlich?

Um zu belegen, daß ich sie beide kenne, die hochgemuten Katzen und den Hochmut, mit welchem die Katzenfreunde auf alle anderen Tierbesitzer hinunterschauen, allen voran auf die »Hundehalter«. Wo doch das Pendant »Katzenhalter« undenkbar ist: Katzen kann man beherbergen, lieben, verehren – halten, beherrschen, gar gängeln lassen sie sich nicht, und gern suggerieren Katzenfreunde, daß es um sie ebenso bestellt sei: »Ich könnte nie einen Hund halten. Ich will keinen Gehorsam« – ergänze: Weil ich selber niemandem Gehorsam zu leisten willens bin.

Gern rühmen sich die gewöhnlichen Katzenfreunde der berühmten Mitglieder ihres Ordens: Lichtenberg! Baudelaire! Hemingway! Alle unangepaßt, alle Künstler!

Natürlich gibt es auch prominente Hundefreunde. Sie heißen bezeichnenderweise Friedrich der Große, Bismarck und Adolf Hitler, und ihnen steht überdies die Phalanx entschiedener Hundefeinde gegenüber. Während ich berühmte Katzenfeinde nicht zu nennen wüßte, fällt mir auf Anhieb gleich eine Handvoll bekennender Hundegegner ein: Nietzsche und Tucholsky, Benn und Goethe, der nicht nur den Teufel als des Pudels Kern outet, sondern gleich zwei verhaßte Lebewesen auf einen Streich zu erledigen empfiehlt: »Schlagt ihn tot den Hund, er ist ein Rezensent.« Der fünfte aber erhob seine Hundefeindschaft in den Rang einer Glaubenswahrheit: Daß die Engel jene Häuser meiden, die Bilder oder Hunde beherbergen, lehrte Mohammed – aber warum referiere ich das nun wieder?

Weil mich kein Engel mehr besuchen wird. Bilder gab es in meinem Haus schon immer, der Hund hat sich vor etwa zwei Jahren dazugesellt. Die Hündin, besser gesagt. Bella, denn so wird sie gerufen. Bella Hauser, um sie bei vollem Namen zu nennen. Was war da passiert?

Wir schreiben den 13. Dezember 1995. Norbert Gamsbart, so nennen wir einen Schriftsteller etwas jenseits der allerbesten Mannesjahre, atmet auf. Die Tage zuvor hat er im feinen Badehotel »Terme di Saturnia« zugebracht und für einen Artikel recherchiert, nun, am letzten Tag ihres Aufenthalts, sind er und seine Begleiterin, nennen wir sie Lenchen, aller Pflichten ledig. Anderntags soll es wieder nach Florenz und weiter nach Frankfurt gehen, heute aber steht ein kleiner Ausflug auf dem Programm – schließlich ist der 13. Gamsbarts Geburtstag, und da Lenchen den Wunsch geäußert hat, wenigstens einmal das nahegelegene Meer zu sehen, steuert Gamsbart, der sich in der Gegend etwas auskennt, den Wagen in Richtung des Monte Argentario, laut italienischer Landkarte ein »promontorio«, also ein Kap, für den unbefangenen Blick jedoch eher eine durch drei schmale Landzungen mit dem Festland verbundene Insel. Welche dieser Landbrücken soll er wählen? Nach kurzem Schwanken entscheidet sich Gamsbart für den »Tombolo della Gianella«, den seiner Erinnerung nach einsamsten und naturbelassensten Übergang.

Im Sommer waren natürlich auch dort die zahlreichen Parkplätze längs der Dünen, die die Straße vom Strand trennten, gut gefüllt bis überfüllt gewesen, aber heute ist keine Menschenseele unterwegs. Kein Wunder bei dem Wetter. Unerwarteter Wintereinbruch, Schneefall ab dreihundert Meter, kalter Sprühregen in den Niederungen – keinen Hund möchte man vor die Tür jagen. Nur mal kurz geparkt – hier? Zu viele Pfützen, nehmen wir den nächsten Parkplatz, schnell eine Düne erklommen, ein rascher Blick aufs Meer, und dann irgendwohin, wo es Wärme, Wein und weiße Tischtücher gibt ... Es sollte anders kommen. Noch bevor Gamsbart ausgestiegen war, hörte er Lenchen klagen: »Das mußte mir passieren!«, und kurz darauf sah er, was da passiert war: Vor ihnen saß ein mittelgroßer, dunkler Hund, der sie schweifwedelnd anblickte.

Das sagt sich so leicht: Hund. Gamsbart hatte in seinem Leben schon viele streunende, von einem Hundeleben gezeichnete Köter gesehen, im Innern Griechenlands, an den Stränden der Türkei, in Nordafrika und an asiatischen Küsten – eine solche Kreatur kannte er lediglich von Bildern. Pieter Breughel d. Ä. hatte vergleichbare Unglücksgestalten auf seinem *Triumph des Todes* gemalt, so gut wie skelettierte Hunde begleiten da die Skelette der siegreichen Todesschwadronen. Daß das da noch lebte! Jede Rippe, jeder Rückenwirbel, jeder Schwanzwirbel schließlich war bestens zu sehen – was da wedelte, bestand nur noch aus Haut und Knochen. Und aus Augen, groß, feucht, erwartungsvoll: Da seid ihr ja endlich! Und nun tut was!

Aber was? »Halt den Hund hier fest, ich fahre in den nächsten Ort und kaufe ihm was zu fressen«, schlägt Gamsbart vor. »Und wer fährt morgen?« fragt Lenchen.

Was tun? Die Carabinieri scheiden aus – die Polizei würde die moribunde Fundsache zum Hinterausgang hinaus entsorgen. Tierschutzverbände, Tierheime – gibt es hier so etwas überhaupt? Schon wird es dunkel, der Regen verdichtet sich, Lenchen öffnet die Wagentür, und die erbärmliche Kreatur springt anstandslos in den feinen Leihwagen. »Brava!« sagt Gamsbart, da er es mit einer Italienerin zu tun hat. »Bella!« korrespondiert Lenchen. Wohin mit Bella? Da besinnt sich Gamsbart darauf, daß er ja in diesem Luxushotel für eine hochangesehene Zeitung tätig ist und daß man Leute seines Schlages mit ihren Problemen nicht so einfach allein läßt. Nun aber hat er eines, von dem er hofft, daß Barbara es zumindest teilen wird.

Barbara ist die Pressedame des Hotels »Terme di Saturnia«,

doch an diesem Abend kommt sie Gamsbart eher wie eine Fee vor. Sie hört ihm ruhig zu und kehrt nach kurzem Telefonat mit dem Bescheid zurück, daß ihr Freund zufällig Tierarzt sei, im Nachbarort wohne und den Hund zumindest für die nächste Nacht aufnehmen werde: »Seien Sie unbesorgt, nach Dienstschluß bringe ich Sie nach Semproniano.«

Und dort ereignet sich in tiefster Dunkelheit und bei leichtem Schneetreiben ein Geburtstags- und Adventswunder, dessen einziger Makel darin besteht, daß es nicht von Musik unterlegt ist, etwa von der berühmten gebellten Fassung des Weihnachtsliedes *Jingle Bells.* Vor dem einzigen hellen Eingang der Hauptstraße halten die beiden Wagen an, Gamsbart greift die federleichte Bella und trägt sie in den Behandlungsraum, wo Dottore Marco Aloisi bereits alles vorbereitet hat. Infusionen, Injektionen und andere Interventionen.

Wie sie sich revanchieren könnten, wollen Lenchen und Gamsbart wissen. »Indem Sie etwas für die Wiederansiedlung des Schopfgeiers in der Maremma spenden«, antwortet der Doktor. »Aber nur, wenn Sie wollen. Der Hund wird hier so oder so gesund gepflegt. Seien Sie unbesorgt.«

Bevor es tags darauf nach Frankfurt zurückgeht, überreicht Gamsbart der bereits wieder hochbeschäftigten Barbara einen Umschlag. Sein Inhalt: eine Summe Geldes und ein Brief, der, obzwar in wackligem Italienisch verfaßt, jene opernhafte Melodramatik atmet, die Gamsbart seiner Muttersprache schwerlich entlockt hätte: »Versuchen Sie das Tier zu vermitteln, doch bitte nur in beste Hände. Wir fühlen uns ab jetzt für dieses Geschenk des Schicksals verantwortlich.«

Irgend jemand muß solche Rhetorik wörtlich genommen haben – der Doktor Aloisi? Das Schicksal persönlich? –, auf jeden Fall wurde Bella acht Monate lang vermittelt. Der gewohnte Frühsommeraufenthalt in Italien fiel wegen einer Operation aus, verlegen teilte Gamsbart dem Tierarzt mit, er wisse nicht, wann er wieder auf den Beinen sein werde. »Seien Sie unbesorgt«, lautete dessen Antwort. »Und wie ist Bella so?« – »Hochintelligent und liebenswert.« – »Vielleicht kann ich im Herbst kommen. Aber wenn sich jemand Seriöses findet ...« – »Seien Sie unbesorgt.« – »Vielen Dank. Wir melden uns wieder.«

So redet keiner, der unter allen Umständen einen Hund haben will, und das wollen Gamsbart und Lenchen auch gar nicht. Die Frankfurter Wohnung teilen sie mit dem Kater Billie, das toskanische Bauernhaus mit Freunden und fest akkreditierten Katzen – durfte ein Hund diese seit Jahren eingespielte subtile Balance stören, mußte er sie nicht ruinieren? »Abgemacht. Wir holen Bella ab. Wir behalten sie auf jeden Fall den September über in Montaio. Wir nehmen sie im Oktober mit nach Frankfurt. Aber wenn Billie nicht mit ihr kann, muß sie ins Tierheim«, sagte Lenchen bestimmt. »So machen wir das«, sekundierte Gamsbart. Und mit diesen Worten brachen sie am 31. August 1996 nach Semproniano auf.

Machen wir es kurz: Die Geschichte, die so märchenhaft begonnen hatte, ging zunächst wie im Märchen weiter. Bella war nicht wiederzuerkennen – statt eines Skeletts in schäbigem Braun sprang uns ein schwarzglänzender Bilderbuchjagdhund entgegen. »Ein fast reinrassiger Pointer«, sagte der Doktor und freute sich unseres Erstaunens.

Es sollte nicht das einzige dieses Tages bleiben. Nachdem wir die ärztlichen Impfbestätigungen entgegengenommen hatten, wollten wir Bella die kurz zuvor erstandene Leine umlegen. »Die kennt sie noch nicht, Bella hat die acht Monate im Zwinger gelebt«, gab der Doktor zu bedenken. Bella ließ sich die Leine umlegen, doch bald stellte sich heraus, daß sie weitere Wissenslücken aufwies.

Der erste gemeinsame Spaziergang sollte uns auf den Burgberg von Semproniano führen, Bella aber scheute, als der bis dahin sanft ansteigende Weg in eine Treppe überging: Sie kannte offenbar keine Treppenstufen. Kurzentschlossen trug ich das Tier, was jedoch die Kritik einiger Italiener hervorrief, die das Mittagessen vor ihrem Hause einnahmen: »Der Hund kann von allein laufen!« Verärgert setzte ich Bella ab, die trotz kräftigem Leinenzug jeden weiteren Schritt verweigerte: »So sehn Sie doch – nichts kann sie!« – »Strana creatura!« – Merkwürdiges Geschöpf.

Das alles ist fast zwei Jahre her. Zeit für eine Zwischenbilanz. Ja, Bella ist noch immer bei uns. Billie hat sie mißtrauisch, aber gefaßt aufgenommen. »Das Bett, äh Boot ist zwar voll, aber man ist ja kein Untier …«, und uns Menschen darf es erlaubt sein, dem Hunde nach ausreichender Zeit des Zusammenlebens ein erstes Zeugnis auszustellen. Bella, sitz! Und hör gut zu! Denn das sind deine Zensuren in Schönheit: Einem geschenkten Hund schaut man nicht in den Mund – da ich Bella gegenüber in diesem Punkt befangen bin, zitiere ich lieber den Hundekenner Fiorenzo Fiorone, Verfasser des italienischen Fachbuchs *Jagdhunde international,* Bella, du hörst jetzt bitte weg: »Im Pointer finden sich in höchster Vollendung alle Eigenschaften, die man von einem Vorstehhund verlangen kann. Der anatomische Bau ist von geradezu statuarischer Reichhaltigkeit physischer und psychischer aufs höchste entwickelter Fähigkeiten, die ihm mit Recht den ersten Rang unter den Vorstehhunden verschafft haben.« Gesamtnote: sehr gut. Sozialverhalten: sehr gut. Bella geht furchtlos, unaggressiv und neugierig auf andere Hunde und Menschen zu und veranlaßt das leineführende Herrchen, nolens volens das gleiche zu tun. Wer zählt die Hunde meines Viertels oder der Ginnheimer Wiesen, die ich alle mit Namen zu rufen weiß, Rolf und Anka, Jerry und Violetta, Max und Xandi ... Und wie viele dazugehörige Menschen habe ich kennengelernt – allerdings ohne einen Namen nennen zu können: Hundehalter kommunizieren halt über Hunde. In wie viele Schicksale habe ich geblickt, regelrechte Abgründe! Wie sehr sind die Hundehalter in meiner Achtung gestiegen, vor allem all die liebevollen Frauchen, die mit sicherem Blick das scheinbar unvermittelbarste Hundchen aus dem Tierheim erwählen: haarlos, taub, fett, ängstlich, nicht ganz stubenrein und leider manchmal ohne Anlaß bissig. Moderne Heilige sie alle – wann trägt der Vatikan dem Rechnung?

Intelligenz: sehr gut. Anders hätte jemand wie Bella nicht überleben können – schon daß es ihr gelungen ist, uns zu finden! Davor mußte sie sich an nahrungsverheißende Frauen mit Einkaufstüten gehalten haben, Wesen, die nach wie vor eine magische Anziehungskraft auf sie ausüben, was meine Intelligenz manchmal auf eine harte Probe stellt: Wie macht man einer schreckstarren Frau aus größerer Entfernung auf die Schnelle klar, daß der schwarze Hund, der da auf sie zugeschossen kommt, dies in der freundlichsten Absicht der Welt tut? Und nun springt Bella auch noch an ihr hoch! Wie vermeidet man da den Zuruf, den ich in meiner

Vorhundezeit immer dann gehaßt habe, wenn ein Hund auf mich zugerast kam, indes das Herrchen lachend versicherte: »Der tut nichts!«?

Anpassungsfähigkeit: sehr gut. Schon nach der ersten Woche unseres Zusammenseins hatte Bella es geschafft, daß wir uns ihren Bedürfnissen anpaßten. Mit Gähnfiepen, das in Gähnjaulen übergehen konnte, verkündete sie den Tagesanbruch; nach dem Frühstück stand der morgendliche Ausgang auf dem Programm, der mich die seit 25 Jahren scheinbar bestens bekannte Landschaft neu sehen lehrte: Wie viele wunderschöne Ölbaumterrassen ich noch nicht abgegangen war, wie viele abenteuerliche Wege ich noch nie eingeschlagen hatte!

»Viel Bewegung« hatte mir der Arzt nach der Operation empfohlen – was hätte mir Besseres widerfahren können als diese Bewegungstherapeutin, die in Italien unerbittlich den Morgen- und Abendgang einklagt, einbellt und einjault und die uns in Frankfurt Tag für Tag dazu bringt, bei jeder Witterung vier Treppen runter- und raufzusteigen, von den Spaziergängen ganz zu schweigen?

Treue und Wachsamkeit: sehr gut. Bella fordert seit Jahr und Tag treu und brav ihre Mahlzeiten ein und achtet sodann wachsam auf die Vorgänge am Eßtisch ihrer Herrschaften – es könnte ja eine Käsescheibe herunterfallen. Auch Einbrecher würde sie durch wachsames Bellen vertreiben – sie müßten freilich zuvor klingeln. Auf Fremde, die unangemeldet die Wohnung betreten, reagiert sie nicht oder mit Schwanzwedeln.

Lebensfreude: Daß es keine Steigerung von »sehr gut« gibt! Die »gewöhnliche Gangart des Pointers« ist laut Fiorenzo Fiorone »ein stürmischer, gestreckter Renngalopp«, und hat sich die glatthaarige, schwarzglänzende Statue erst mal in Bewegung gesetzt, dann tut sie das derart unbedingt, daß es selbst eingefleischten Hundehassern warm ums verhärtete Herz werden müßte. Da Bella es nie gelernt hat zu jagen, läuft sie um des schieren Laufens willen, wobei ihr kein Gelände zu schwierig ist und sie keine Kapriole ausläßt, weder an den steilen Ölterrassen noch im dichten Unterholz längs des Baches.

Nicht einmal vor ausgemachten Albereien schreckt diese unbändige Bewegungslust zurück: Niemand kann mir einreden, Bella wisse nicht um die komischen Wirkungen gewisser rasend schneller, drehwurmartig immer enger gezogener Spiralläufe oder bestimmter Spielchen mit entweder viel zu kleinen Dackelpartnern oder viel größeren Gefährten, vom Retriever aufwärts. Der Katzenfreund fühlt sich an die Kaspereien junger Katzen erinnert, doch auch wenn sein Blick auf die hingebungsvoll ruhende Bella fällt, kann er sich katzenkennerischen Lobs nicht enthalten: »Pennt wie weiland Pumper!«

Gehorsam: Tja ... hm ... Aus alldem dürfte bereits eines hervorgegangen sein: Bellas Gehorsam ist nicht der beste. Aber er hat sich gebessert! Wohlmeinende Freunde hatten uns zu Beginn aufs Schlimmste vorbereitet: Die lernt nie mehr um! Was aber mochte dieser Hund, der da aus der Kälte gekommen war, zuvor gelernt haben? Der Findling Kaspar Hauser hatte wenigstens einen Zettel bei sich: »Ich möchte ein Reiter wern, wie mei Vater einer gwen ist.« Kein vergleichbarer Schrieb bei Bella: »Ich möchte eine Jägerin wern, wie mei Mutter eine gwen ist.«

Das Rätsel von Bellas Herkunft wird auf immer ungelöst bleiben, nicht aber das Rätsel ihrer Unarten: »Nahezu alle Probleme mit Hunden haben ihre Ursache in ungeklärten Dominanzverhältnissen«, schreibt der Hundekenner Eric W. Aldington in seinem Ratgeber *Was tu' ich nur mit diesem Hund.* Bellas Fehler sind demnach unsere Fehler, und die lassen sich korrigieren, wenn wir nur hart genug an uns arbeiten und mit eiserner Konsequenz. Immer wenn ich an diesem Punkt meiner bußfertigen Überlegungen angelangt bin, denke ich im stillen: »Scheiß der Hund drauf. Eigentlich hat die unerzogene Bella all jene Qualitäten, die ich als Katzenfreund so an meinem Purzelchen schätze. Freiheitsliebe, Unangepaßtheit, Eigensinn und so weiter ...« Nur daß man eine Katze nicht viermal am Tag Gassi führen muß.

Elizabeth vom Arnim
Coco

Dies ist die Geschichte meiner Hunde. Deshalb will ich [...] von Coco erzählen. Er war ein Schweizer. Er stammte aus der Gegend, in der wir uns niedergelassen hatten, und trug einen dicken Pelz, der das kalte Klima dieser Höhenlage für ihn erträglich machte – aus wunderschönem, silbrig gesprenkeltem, braunem Fell –, einen Pelz, um den ihn der verwöhnteste Filmstar beneidet hätte. Eines Tages kam er den Pfad zu uns herauf, um sich bei uns um die Stelle eines Wachhundes zu bewerben – da unser Haus sehr einsam lag und hauptsächlich von weiblichen Wesen bewohnt wurde –, und als ich ihn vom Fenster aus an der Seite des ihn begleitenden Bauern kommen sah, so selbstsicher, so würdevoll, so schön und so groß, lief ich hinaus, um ihn zu begrüßen. Und von diesem Augenblick an bis zu seinem Tode war er *mein* Hund!

Außer den Hunden, die jetzt um mich sind, habe ich keinen so geliebt wie Coco. Sein verrückter Name war das einzig Närrische an ihm. Seine Gesellschaft bedeutete mir genausoviel wie das Zusammensein mit einem ungewöhnlich sympathischen Freunde aus dem Menschengeschlecht, doch bezweifle ich, daß man unter den Menschen einen solchen Freund finden kann, der nicht nur überaus sympathisch, sondern auch so ergeben, so anhänglich und so kritiklos ist, wie Coco es war. Er war ebenso klug und nützlich wie schön. Er konnte Pakete tragen und einen kleinen Wagen ziehen und holte uns jeden Morgen die Milch, ohne einen einzigen Tropfen zu verschütten. Zweimal in der Woche ging er mit unserem Hausdiener den beschwerlichen Weg ins nächste Bergdorf und holte von dort unsere Lebensmittel. Er trug das Paket mit dem rohen Fleisch, das für ihn bestimmt war, selbst im Maul, und es fiel ihm auch nicht im Traume ein, wie hungrig er auch sein mochte, sich daran zu vergreifen. Er schien stets darauf bedacht, durch vollkommenes Betragen zu beweisen, daß er wußte, was er seiner prachtvollen Erscheinung schuldig war. Auch wußte er genau, wie sehr ich ihn liebte – sicherlich war er niemals zuvor so geliebt worden –, und diese Tatsache trug auch zu seinem bescheidenen und verhaltenen Stolz bei.

»Il ne lui manque que la parole«, sagte der Hausdiener, der ihn ebenfalls in sein Herz geschlossen hatte.

Ich begreife nicht, wie jemand, der mit einem klugen und anhänglichen Hund zusammenlebt, sich jemals einsam fühlen kann. Anfangs hatte ich gefürchtet, daß ich, als die Kinder nach den Ferien in die Schule zurückgekehrt waren, mich in diesem abgeschiedenen Erdenwinkel einsam fühlen würde. Dies war das einzige Bedenken, das ich gegen den sonst so weisen Plan, in den Bergen ein Haus zu bauen, einzuwenden hatte. Das Haus war als Ferienaufenthalt für die Kinder gedacht, wohin sie ihre Freunde mitbringen und wo sie im Winter Ski laufen und im Sommer klettern konnten, während ich zwischen diesen glücklichen Ferienwochen in aller Ruhe meine Bücher schreiben wollte, auf deren Ertrag ich jetzt zur Hauptsache für unseren Lebensunterhalt angewiesen war. So hatte ich mir das ursprünglich vorgestellt. Aber als die ersten Ferien der Kinder zu Ende waren, fragte ich mich im stillen, ob ich das Alleinsein wohl aushalten würde. Als ich an dem dunstigen Septembermorgen die aus dem Zuge flatternden Taschentücher entschwinden sah und mich umwandte, um den dreistündigen, schier endlosen, vielfach gewundenen Weg nach Hause anzutreten, zweifelte ich daran. Nach einem Leben, in dem ich niemals allein gewesen war, nach den vielen Teegesellschaften in Devonshire und den vielen Jahren, die ich in dem dichtbevölkerten Schloß in Pommern zugebracht hatte, von meiner ewigen Mademoiselle und meiner allgegenwärtigen Kinderfrau in früheren Zeiten ganz zu schweigen – wie, dachte ich, sollte ich mich nach alledem an die Stille und die Eintönigkeit gewöhnen, in der die Tage aufeinanderfolgten ohne eine andere Abwechslung, als sie das Wetter und die Nachspeise mit sich brachten?

Aber ich hatte Coco vergessen. Dort, wo der Weg vom Dorf zur Paßhöhe ansteigt und wo ich immer noch mal für das letzte Stückchen Atem schöpfen mußte, wartete er mit dem Hausdiener auf mich, außer sich vor Freude und bereit, jegliches Paket, das ich vielleicht mitgebracht hatte, zu tragen; und in Begleitung dieses prächtigen Hundes ging ich nun, zufrieden und meiner Zweifel ledig, über die Felder mit den Herbstzeitlosen, durch deren Blütenblätter die sinkende Sonne hindurchschien.

Der Oktober war in jenem Jahr dort oben unbeschreiblich schön. Das gute Wetter hielt sich bis Ende des Monats. Das Tal unter uns war von wogenden Nebelschleiern bedeckt, auf den leuchtendgrünen Abhängen erblickte man die flammendroten Kirschbäume, und meinem Schlafzimmerfenster gegenüber thronte gleißend und majestätisch das Weißhorn.

Ein friedliches und geregeltes Leben hatte jetzt für mich begonnen mit stillen Morgenstunden, in denen ich ungestört arbeitete – denn man kann nicht gestört werden, wenn niemand da ist außer einem ungewöhnlich wohlerzogenen Hund –, mit Mahlzeiten draußen auf der Terrasse, bei denen ich die ganze Simplonkette vor mir hatte als Abschluß der gewaltigen Berglandschaft, auf die ich zwischen den einzelnen Bissen einen Blick werfen konnte, mit langen Spaziergängen an den Nachmittagen in Cocos Begleitung – »Ein Bär! Ein Bär!« pflegten die Kinder zu rufen, wenn sie uns trafen –, mit Abenden, die ich lesend am brennenden Kamin verbrachte, während Coco auf einer Matte davorlag. Ehe ich ihn zu Bett brachte, machten wir dann noch einen letzten Gang auf die Terrasse, aus dem vom Feuerschein erhellten Raum hinaus in die weite Nacht, diese erregend schöne Nacht mit dem funkelnden Sternenmeer über den schneebedeckten Bergen, zwischen denen unser kleines Haus so nahe dem Himmel eingebettet lag; und weit unter uns flimmerten und tanzten im Tal die Lichter der kleinen Stadt, als schimmerten sie aus der Tiefe eines Sees zu uns heraus.

In dieser erhabenen Natur verweilten wir allnächtlich, ehe Coco und ich uns zur Ruhe begaben, und während Coco ruhig dasaß und mich beobachtete, gab ich mich einige Augenblicke lang innerer Sammlung hin. Der Diener, seine Frau und die »jeune fille« – wie die beiden das Hausmädchen immer nannten – waren längst schlafen gegangen, und Coco und ich hatten die ganze Welt für uns – so empfanden wir es wenigstens in diesem feierlichen Schweigen und der makellosen Reinheit der Luft.

Herrliche und begnadete Augenblicke, und ich hatte befürchtet, daß ich mich einsam fühlen würde! Einsam? Hier, in dieser völligen Weltabgeschiedenheit, wie ich sie bisher noch nie gekannt hatte, wurde mir bewußt, daß es gerade die Einsamkeit ist, die ich zutiefst liebe, denn wie wäre es sonst möglich gewesen, daß ich diese Wochen als die glücklichsten meines bisherigen Lebens empfand? Ich war schon oft glücklich gewesen, wenn auch nicht ununterbrochen – aber wer ist ununterbrochen glücklich? –, so doch während längerer Zeiträume. Aber dies war eine Art Glücklichsein, wie ich es vorher nicht gekannt hatte, es war »etwas viel tiefer Wurzelndes«, wie Wordsworth es ausdrückte. Niemand kann so wie er gewisse unbeschreibliche Gemütszustände in Worten wiedergeben.

Und nichts änderte sich an meinen Gewohnheiten, bis der erste Schnee fiel. Er kam ganz plötzlich. Das Wetter schlug um, und mit einem Male war der Winter da. Nun werden wir ja sehen, dachte ich, während ich durch die schneeverwehten Fenster das Unwetter draußen betrachtete, nun werden wir ja sehen, ob mir das Alleinsein nicht doch zuviel werden wird.

Aber selbst jetzt, nach einem anfänglichen, durch den ersten Schneesturm hervorgerufenen Unbehagen über unsere völlige Abgeschlossenheit in einem plötzlich dunkel gewordenen Hause, fühlte ich mich wohl. Da war zunächst Coco, der sich so offensichtlich darüber freute, was da draußen vor sich ging. Ihm war es nichts Neues; es war ja gerade das Wetter, für das er seinen schönen dicken Pelz mit auf die Welt bekommen hatte; und da waren der Diener, seine Frau und die »jeune fille«, die ebenfalls daran gewöhnt waren und die vielleicht nicht gerade über die Tage unserer

Gefangenschaft jubelten, sie jedoch als eine Selbstverständlichkeit hinnahmen.

»Der Winter ist da!« teilten sie mir mit, für den Fall, daß ich es noch nicht selbst bemerkt hätte, »aber bald«, fügten sie hinzu, »werden wir wieder schönes Wetter haben.«

Wenn ich mich auch für Coco freute, so muß ich indessen doch zugeben, daß mir dieser Tag und Nacht tobende Aufruhr in unserer dunklen Einsamkeit allmählich auf die Nerven ging; und ich muß gestehen, daß manchmal, wenn der Sturm besonders heftig wütete und ich vor dem Feuer hockte und mich fragte, wie lange das Dach diesem Toben der Elemente wohl noch standhalten würde, nur das Bewußtsein von Cocos Nähe – meine Hand auf seinem Kopf und seine Pfote auf meinen Füßen – mir Mut gab. Ohne ihn hätte ich vielleicht dieses Leben keine Woche länger ausgehalten; und darum empfehle ich jenen Menschen beiderlei Geschlechts, aber vor allem den Frauen, die leicht den Mut verlieren, wenn sie lange allein sind, die sich des Abends fürchten, wenn niemand da ist, mit dem sie sprechen können, die nicht gern schweigend zu ihrem einsamen Schlafzimmer hinaufgehen, die voller Zärtlichkeit sind und niemanden haben, an den sie sie verschwenden können, die sich nach Liebe sehnen und gleichviel aus welchem Grunde keine finden – deshalb möchte ich allen diesen sagen: geht und kauft euch einen Hund! Bei Harrods zum Beispiel werdet ihr eine große Auswahl dieser vierbeinigen Freunde finden, die nur darauf warten, daß man ihnen die Möglichkeit gibt, euch zu erheitern und zu beschützen. Und dabei erwarten sie keinerlei Gegenleistung; was auch immer geschieht, sie werden sich nie beklagen, sie werden niemals grob, noch werden sie sich je eine Kritik erlauben, und welches Leid man ihnen auch zufügt, keines ist zu groß, als daß es nicht von ihnen sofort und freudig verziehen würde. Wirklich, sie sind Heilige! Und frohsinnige Heilige – was ich für sehr wesentlich halte. Und zweifellos sind sie ebenso zahlreich wie die menschlichen Heiligen. Wenn man es mir nicht als Übertreibung auslegen könnte, würde ich sagen, daß sich schwerlich ein vollkommenerer Heiliger finden läßt als ein guter Hund. […]

Und eines Morgens wachte ich auf und stellte fest, daß das Wetter wieder schön geworden war – unleugbar schön, wenn auch auf eine ganz andere Art als im Herbst.

Wenn Coco und ich jetzt das Haus verließen oder wieder betraten, gingen wir zwischen hohen Schneewällen hindurch, über denen an der Dachtraufe unzählige Eiszapfen wie blitzende Speere hingen. Das Licht, das von dem hellen Himmel herniederstrahlte und von dem leuchtenden Schnee wieder zurückgeworfen wurde, blendete so stark, daß ich eine dunkle Brille tragen mußte. Die Wege waren nirgends mehr zu erkennen, und wenn der Diener jetzt die Lebensmittel holte, so tat er es auf Skiern. An den kurzen Nachmittagen gingen Coco und ich nun nicht mehr spazieren, statt dessen schlitterten wir. Und es war Cocos größte Freude, auf den schmalen geschaufelten Wegen hin und her zu rasen, wobei er wahre Wolken von Schneestaub aufwirbelte. Jetzt draußen Röcke zu tragen war unmöglich; und selbst die »jeune fille« marschierte, wenn sie ihren Ausgang hatte, in Hosen los. In diesen Wochen erfüllte uns alle ein so erhöhtes Lebensgefühl, daß, wann immer einer den anderen ansah, jeder über das ganze Gesicht strahlte; und was das

Essen betraf, so bekam es jetzt eine ganz neue Wichtigkeit für uns, und jede einzelne Mahlzeit wurde zu einem Hochgenuß.

Kurz, wir lebten gesund und folglich glücklich und wahrscheinlich sehr vernünftig. Die Sonne schien unsere Körper ganz zu durchdringen. Die dünne reine Luft trug uns vorwärts, als ob wir Flügel hätten. Drinnen im Hause sangen wir, und draußen schwebten wir auf Skiern durch die Weite: ich, das junge Mädchen und sogar der gesetzte Diener und seine dicke Frau. Als ich die dicke Frau zum erstenmal auf Skiern sah, zitterte ich für sie, die dünnen Brettln schienen mir viel zu leicht, um ihr schweres Gewicht aushalten zu können. Aber ab sauste sie – ihrer selbst so sicher wie nur irgend jemand – und verschwand hinter dem Hang wie ein plumper unbeholfener, aber nichtsdestoweniger geschickter Vogel.

Wenn nur das Wetter während der Weihnachtsferien so bleiben würde! Wenn nur die Kinder es auch genießen könnten! war mein ständiger Gedanke, der schließlich fast zu einem Gebet wurde.

Und das Wetter blieb so schön, und die Kinder konnten es mit genießen, und ich glaube, es wäre das schönste Weihnachten unseres Lebens geworden, wenn etwas nicht so gestört hätte.

Und das waren die Gäste!

Gäste können – und sind es auch oft – entzückend sein, aber man sollte niemals zulassen, daß sie die Oberhand bekommen. Von nun an, bis der Wetterumschlag im März ihrem Kommen und Gehen ein Ende machte – oder vielmehr nur ihrem Kommen, denn von einem Gehen war bald keine Rede mehr –, beherrschten sie mein Dasein. Ich habe nicht vergessen, daß ich eigentlich über Hunde und keine Autobiographie schreiben will, und wenn ich jetzt auf meine Gäste zu sprechen komme, so tue ich es nur, weil Cocos Haltung ihnen gegenüber ihre Erwähnung auf diesen Seiten notwendig macht. Wenn ich von Coco erzähle, muß ich auch von den Gästen erzählen. Sonst hätte ich sie – wie so manches andere – mit Stillschweigen übergangen.

Zunächst muß ich kurz erklären, wie es dazu kam, daß sie in mein kleines friedliches Haus eindrangen.

Ich hatte fünf Kinder, und jedes Kind durfte sich, wenn es wollte, für die Weihnachtsferien zwei Freunde einladen. Das hatte ich ihnen in der ersten Begeisterung, als ich mit dem Bau des Hauses begann, versprochen, und ich wollte nicht wortbrüchig werden. Aber zwei Freunde von jedem machten im Ganzen zehn, so daß mit meinen eigenen fünf fünfzehn Kinder um mich sein würden. Und das, dachte ich, war doch etwas reichlich!

Als die Ferienzeit näher rückte, stiegen in mir Befürchtungen auf. Nicht etwa wegen eines etwaigen Platzmangels – das Haus war schon im Hinblick auf den Besuch solcher Feriengäste entsprechend geräumig gebaut worden –, sondern weil es mir plötzlich zum Bewußtsein kam, daß ich ja dann unter diesen vielen Kindern die einzige Erwachsene war.

Meine Besorgnisse nahmen immer mehr überhand. Ich überlegte mir, was ich, als einzige Erwachsene, anfangen sollte, wenn die Kinder in dieser herben kräftigenden Luft vor lauter Gesundheit und Wohlbehagen übermütig werden würden? Und als ihre Ankunft unmittelbar bevorstand, die fünfzehn Betten bereits hergerichtet waren und die erste Mahlzeit, für die ich als Nachspeise sechzig Sahnebaisers bestellt hatte, angeordnet war, verlor ich die Nerven und lud mir telegraphisch einen Gast ein. Nur, um mir einen Rückhalt zu geben und den Gästen meiner Kinder gegenüber einen Ausgleich zu haben.

Es war ein älterer Mann, klein, schmal und hager, den ich wegen seines gesetzten Wesens unter meinen Freunden ausgewählt hatte. Ich hatte mir gedacht, daß seine bloße Gegenwart auf diese tobende Bande ausgelassener Gören eine beruhigende Wirkung ausüben würde; doch als er erschien, mußte ich feststellen, daß er innerhalb weniger Stunden ein völlig anderer Mensch wurde. Auch schien er mir von Anfang an gar nicht so alt, wie ich ihn in der Erinnerung hatte.

Wie ich später herausfand, war das zweifellos dem Einfluß des Hauses, der Umgebung und der Bergluft zuzuschreiben. Die Leute kamen hier alt, steifbeinig und vom Leben mitgenommen herauf und hatten in wenigen Tagen nicht nur vergessen, daß sie jemals von Rheumatismus oder ähnlichen Leiden geplagt gewesen waren, sondern verjüngten sich hier derart zusehends, daß sie durch ihr Benehmen beinahe unangenehm auffielen. Die Wintersonne und die Höhenluft zeitigten merkwürdige Ergebnisse. Mein friedliches Haus wurde im Laufe der Zeit zu einem Schauplatz der verschiedenartigsten Temperamentsausbrüche. Irgend jemand befand sich immer in einem Zustand höchster Erregung, weil alle Gefühle sich hier so übersteigerten. Wenn Tränen vergossen wurden, geschah es nicht in Tropfen, sondern in Strömen; jede Zuneigung artete sofort zu übertriebener Bewunderung aus, Verehrung wurde zur Anbetung, und Abneigungen äußerten sich derart heftig, daß sie von Haß nicht mehr weit entfernt waren.

Ich vermute, es lag daran, daß wir alle so von Lebenskraft überschäumten. Und ich glaube, auch die Tatsache, daß wir so vollständig von der Welt abgeschnitten und so ganz aufeinander angewiesen waren, wie die Geschöpfe in der Arche Noah, hatte etwas damit zu tun. Jedenfalls fanden sich die Gäste merkwürdig rasch mit dieser Tatsache ab. Wild entschlossen, das Beste daraus zu machen, stürzten sie sich leidenschaftlich in dieses ungewohnte Leben und wurden dadurch völlig umgekrempelt.

Mein erster Gast lieferte zum Beispiel schon am zweiten Tage einen deutlichen Beweis, welche Veränderung mit ihm vorgegangen war. Es begann damit, daß er sich, als er zum Frühstück erschien, unternehmungslustig die Hände rieb und dann einige der Kinder in ihre vier Buchstaben kniff; und da diese Übergriffe seiner sonstigen Wesensart so gar nicht entsprachen, blickte ich überrascht auf.

Als die Kinder daraufhin mit großem Getöse das Zimmer verlassen hatten und er und ich mit den Hörnchen und der Kaffeekanne allein geblieben waren, bat er mich in einem jovialen Ton, der mir bisher an ihm noch nicht aufgefallen war, ihm doch – ganz im Vertrauen und unter Zusicherung seiner Verschwiegenheit – zu sagen, wer mir meine Bücher schreiben hülfe.

Das befremdete mich. Aber was er dann sagte, befremdete mich noch viel mehr; denn nachdem ich ihm auf seine Frage nach dem Thema meines neuesten Buches etwas zögernd und verlegen – weil ich ihn für einen Mann mit strengen Grundsätzen hielt – geantwortet hatte, daß es mir sehr leid täte, aber ich müsse ihm leider sagen, es handele von Ehebruch – rief er mit verblüffend begeisterter Zustimmung aus: »Der interessanteste Sport der Welt!«

Was war das für ein Gast, fragte ich mich im stillen entsetzt, den ich schutzlose Frau mit meinen fünf Kindern mir da aufgehalst hatte?

Aber es sollte mir noch Schlimmeres bevorstehen. Denn anstatt mir zu helfen, die lebhaften Kinder zu bändigen, ließ er bald darauf ganz offenkundig merken, daß er sich gar nicht für sie interessiere, und begann, sich lediglich auf mich zu konzentrieren. Mit anderen Worten: er hörte auf, nur ein Gast zu sein, und verwandelte sich in einen Freier.

Ich weiß, das ist ein sehr heikles Thema, und wenn Coco ihn nicht so ermutigt hätte, würde ich gar nicht davon sprechen. Ich weiß auch, daß es mit auf die Höhenluft zurückzuführen war. In der Stadt hatte er niemals eine besondere Neigung für mich bezeigt, aber diese Bergluft war ihm zu Kopf gestiegen, und vielleicht fühlte er sich schon allein deshalb zu mir hingezogen, weil außer den Kindern niemand da war, mit dem er hätte reden können. »Gelegenheit macht Diebe!« Oft genügt schon ein bloßer Zufall oder ein geringfügiger Umstand, wie Ort und Wetter, um einen Mann glauben zu lassen, daß er eine Vorliebe für eine bestimmte Person habe. Da die Gelegenheit günstig und das Wetter so überaus anregend war, begann er sich mir gegenüber in einer Art zu verhalten, die man nur mit Hofmachen bezeichnen kann. Und da ich durchaus keine Neigung verspürte, auf solche Verjüngungserscheinungen einzugehen, wich ich ihm aus und ging ihm aus dem Wege, während Coco, anstatt ihn anzuknurren und ihm die Zähne zu zeigen, ganz dafür war.

Ich begriff Coco nicht. Ich habe seine Haltung meinen Verehrern gegenüber nie verstanden. Es war doch unmöglich, daß jeder von ihnen – bald darauf traten noch andere auf den Plan – der richtige Mann für mich sein konnte, und Coco hätte das instinktiv wissen müssen. Aber es stellte sich heraus, daß sein Instinkt in dieser Beziehung völlig versagte: er hieß sie alle mit derselben Überschwenglichkeit willkommen. Komisch, wie dieser Hund einen Freier als solchen auf den ersten Blick zu erkennen schien und ihn von anderen Männern, die er kaum beachtete, unterschied und ihn sogleich durch besondere Aufmerksamkeit auszeichnete und ermutigte. Lange bevor ich eine Ahnung hatte, daß sich unter meinen Gästen einer befand, und oft auch, bevor der Betreffende selbst sich bewußt wurde, was in ihm vorging, hatte Coco es schon spitz. Ich pflegte schließlich schon nervös zu werden, wenn ich ihn nur schweifwedelnd auf jemanden zugehen sah.

Um auf Nummer I zurückzukommen – er war es, der mir die Weihnachtsferien verdarb, weil es meiner Ansicht nach nichts Lästigeres gibt, als wenn einem immer jemand nachläuft, von dem man in Ruhe gelassen sein möchte, außer vielleicht, wenn einem jemand nicht nachläuft, von dem man es gern sähe. Ein großer Teil meiner kostbaren Zeit ging durch die Suche nach einem Versteck, in das ich mich zurückziehen konnte, durch Ausflüchte und Schwindelmanöver verloren, und all das wurde mir durch Coco noch erschwert, durch Coco, der mich durch seine Unruhe immer verriet und der, wenn ich mich mit ihm in mein Schlafzimmer geflüchtet hatte oder in irgendeinen unentdeckten Winkel, vernehmlich zu winseln begann. Es wurde mir bald klar, daß Coco dieses Versteckspiel nicht mitmachen wollte. Er war der Meinung, daß wir drei zusammenbleiben sollten; und da es ebenso unangenehm ist, einen Hund zu haben, der unruhig wird, wenn man mit ihm allein ist, wie einen Gast zu haben, der unruhig wird, wenn man nicht mit ihm allein ist, verbrachte ich eine scheußliche Zeit.

Mit welcher Erleichterung und mit welchem Glücksgefühl betrachtete ich an jenem herrlichen Morgen, als dieser Gast »unverrichteter Dinge« abreiste, all die Schönheit rings um mich her! Es schien mir, als hätte ich sie ewig nicht gesehen. Da stand ich auf der Terrasse, nachdem ich zum Abschied pflichtschuldigst mit dem Taschentuch gewinkt hatte, und fühlte mich wie ein Genesender, von dem das Fieber endlich gewichen ist, wie ein Mensch, der seinen Frieden wiedergefunden hat. Das weite Tal lag in flimmerndem Licht; das Weißhorn, das Rothorn und die ganze Simplonkette mit ihren leuchtenden Gipfeln waren mir niemals so schön erschienen. Es war, als ströme die Luft eine neue Frische und Reinheit aus. Ein wahrhaft paradiesischer Morgen! Die Fenster des Hauses standen alle weit offen, und aus dem einen hörte ich die »jeune fille« fröhlich singen, während sie die Betten des Gastes klopfte, der uns soeben verlassen hatte. Aus der Küche kam der verlockende Duft geschmorter Pflaumen, die wir bei einem Picknick – er hatte eine Abneigung gegen Picknicks – verzehren wollten, und als sie fertig waren, half Coco, wieder ganz der Alte, mir den mit so viel Köstlichkeiten gefüllten Freßkorb zu der

Schneehalde hinaufzutragen, wo die Kinder und ich unser Mahl in der Sonne einnahmen.

Geliebte Kinder! Guter Hund! Himmlische Freiheit! Du wunderbare Welt!

Das waren dic Empfindungen, die das Scheiden meines ersten Gastes in mir auslöste!

Aber ich möchte nicht den Eindruck erwecken, als sei ich ungastlich. Ich glaube, daß ich im Gegenteil eine gute Gastgeberin bin. Während mein Gast da war, sorgte ich stets dafür, daß etwas Gutes auf den Tisch kam, und plünderte meinen Weinkeller so gründlich, daß nicht eine einzige Flasche übrigblieb und wir wieder zu Limonaden zurückkehren mußten. Aber wenn ein Gast abreist, dann empfindet man, glaube ich, doch immer eine Art Erleichterung. Wie angenehm sein Besuch auch gewesen sein mag, man freut sich doch, wieder unter sich zu sein und ins alte Gleis zurückzukommen. Das trifft besonders dann zu, wenn es ein Freier ist, der uns verläßt, denn Freier sind alles in allem meist doch nur eine Plage. Selbst wenn es sich um einen handelt, der einem ganz gleichgültig ist, tut man noch ein übriges und gibt sich besondere Mühe, und das ist immer mit Anstrengung und Zeitverlust verbunden.

Zwar hatte ich allabendlich vor dem Schlafengehen die Mehrbelastung meiner Hausfrauenpflichten verwünscht und mich geärgert, wenn ich mir wieder über den Küchenzettel den Kopf zerbrechen mußte – dennoch unterzog ich mich aller dieser Mühen und zeigte mich von meiner besten Seite. Was, alte Eva, fragte ich mich, geht eigentlich in dir vor?

Die letzten Ferientage gingen schnell vorbei, und als Coco und ich wieder allein waren, nahmen wir das alte Leben wieder auf, das so ganz meinem Geschmack entsprach und das auch ihm zu gefallen schien.

Ich sage absichtlich »zu gefallen schien« – weil es, obwohl kein Hund sich mehr darüber freuen konnte, mich ganz allein für sich zu haben, Augenblicke gab, in denen ich ihn schnüffelnd vor der Tür des Zimmers erwischte, das mein erster Gast bewohnt hatte. Und dabei sah er ausgesprochen melancholisch aus und kam auf meinen Ruf nur widerstrebend zu mir.

War es möglich, überlegte ich mir, daß ich an diesem Mann eine bewundernswerte Eigenschaft übersehen hatte, von der Coco wußte, daß ich sie schätzen würde? Man behauptet, Hunde hätten einen Riecher für so etwas; und ich neigte dazu, es zu glauben, und spielte in Gedanken mit der durchaus nicht unangenehmen Vorstellung, daß ich mir wahrscheinlich einen guten Ehemann verscherzt hatte. Doch als neue Gäste kamen und ich bemerkte, wie Coco sich sofort an einige von ihnen heranmachte und sich diesen gegenüber auffällig zutraulich benahm, wußte ich, daß jene Behauptung irrig war. Diese männlichen Wesen konnten unmöglich alle gerade die Eigenschaften besitzen, die ich an einem Mann besonders schätze. Hunde wissen gar nichts, stellte ich fest. Im Gegenteil, sie machen die groteskesten Fehler. Es war lediglich der Höhenluft und der daraus sich ergebenden Hemmungslosigkeit zuzuschreiben, daß jene Gäste ein Betragen an den Tag legten, das sich nur mit »auf Freiersfüßen gehen« bezeichnen läßt.

Diese neuen Gäste kamen in mein Haus, weil ich nicht nein sagen kann – jedenfalls kann ich es nicht auf Anhieb tun. Wenn man mir Zeit läßt, bringe ich es schon fertig wie andere Frauen auch, aber am Telephon sage ich zu allem ja und amen.

Sie riefen mich an, und die Folge davon war, daß ich sie einlud. Sie hatten jenen ersten Gast in Genf getroffen, wohin er gereist war, nachdem er mich verlassen hatte, und da Genf wesentlich tiefer liegt, hatte er sich dort, wie es schien, von dem Rausch der Berge erholt und sah die Dinge wieder in ihrem richtigen Maßstab.

Dieser richtige Maßstab hatte bei ihm zweifellos zu der Erkenntnis geführt, daß er noch rechtzeitig einer großen Torheit entronnen war, und in seiner Dankbarkeit darüber konnte er mein Haus und mich gar nicht hoch genug preisen. Ich wäre, hatte er meinen Freunden mitgeteilt – wenn man Menschen, mit denen man nur gelegentlich in der Stadt zusammengekommen ist, Freunde nennen kann –, die ideale Wirtin. Überdies hätte ich einen sehr zutraulichen, geradezu bezaubernden Hund, mein Personal sei bemerkenswert gut gezogen und meine Küche außergewöhnlich gepflegt. Kurz, mein Haus wäre der geeignetste Ort für ruhebedürftige alternde Leute und solche, die mit den Nerven herunter sind.

Wehrlos hörte ich am anderen Ende der Leitung diese Lobreden an. Wie immer am Telephon, war ich nicht ruhig genug, um sie unter die Lupe zu nehmen. Später jedoch mißtraute ich ihnen. Zum Beispiel der Bemerkung über das Essen und den zutraulichen Hund. War er, weit davon entfernt, feurige Kohlen auf mein Haupt zu sammeln, vielleicht einfach rachsüchtig? Daß er mir vier neue Gäste auf den Hals hetzte, sah mir sehr danach aus.

Diese Gäste, die noch keine waren, aber es bald werden sollten, hatten mir am Telephon mitgeteilt, daß sie sehr angegriffen wären. Sie beabsichtigten, sagten sie, den Rest des Winters in Rom zu verbringen, und dächten es sich so reizend, ihre Reise dorthin mit einem Besuch bei mir zu unterbrechen. Vielleicht kämen sie zum Mittagessen; falls sich das nicht lohnen würde, würden sie auch über Nacht bleiben, oder wenn es mir nichts ausmache, schlügen sie mir vor, da eine Nacht mehr ja keine Rolle spiele, das Wochenende bei mir zu verbringen. Das dächten sie sich geradezu entzückend. Worauf ich mich, hilflos, wie ich am Telephon nun einmal bin, begeistert sagen hörte: »Ja, tun Sie das doch!«

Also unterbrachen sie ihre Reise und trafen zu viert bei mir ein. Es war nämlich eine Familie, Mutter, Tochter und zwei Söhne; und bestürzt sah ich, wie Coco sofort schweifwedelnd auf die beiden Söhne zulief.

Nun begann nicht nur für die Dauer eines Wochenendes – denn einmal angekommen, blieben sie –, sondern für viele Wochen ein Leben, das zu der erhabenen Ruhe der uns umgebenden Landschaft in krassem Widerspruch stand. Die Berge rings um uns her gaben uns ein leuchtendes Beispiel ruhiger Würde, doch wir nahmen nicht die geringste Notiz davon. Mein kleines Haus kochte über. Die Mutter, die zu den ruhebedürftigen alternden Leuten gehörte, begann sich auf einmal in fast erschreckender Weise zu verjüngen. Die Tochter, diejenige von ihnen, die mit den Nerven herunter war, trug schon während des Frühstücks am ersten Morgen eine merkwürdige Munterkeit zur Schau. Die beiden Söhne, die unglücklicherweise in dem Alter waren, in dem sich junge Männer zu älteren Frauen hingezogen fühlen, was Coco sofort herausgefunden hatte, verloren keine Zeit, mir den Hof zu machen. Wenn ich irgendeinen Gegenstand fallen ließ, überstürzten sie sich förmlich, ihn mir aufzuheben. Und wenn ich etwas trug, rissen sie es mir fast aus der Hand. Sie wetteiferten darin, mir in lauschigen Winkeln Gedichte vorzulesen. Sie hingen an meinen Lippen und lachten zustimmend, jedesmal, wenn ich den Mund öffnete – manchmal sogar bevor ich noch ein Wort gesagt hatte –, ein Betragen, das jede Unterhaltung schließlich versanden ließ.

Solche jungen Männer gibt es, und das ist bedauerlich, weil sie den älteren Frauen, die zu ihrem eigenen Schaden diese Anhimmelung für bare Münze nehmen, so schlecht bekommen. Es ist möglich, daß sie mir auch schlecht bekommen wären, wenn ich sie ernst genommen hätte, aber dafür war ich noch nicht alt genug, und ihre Verehrung löste nichts als Ärger in mir aus.

Ich war in der Tat sehr verärgert. Es ärgerte mich, daß sie, obwohl die Höhenluft im Umkreis meines Hauses eine immerhin noch erträgliche Wirkung auf sie ausübte, völlig überschnappten, sobald sie nur fünfhundert Fuß höher kletterten. Es ärgerte mich, daß Mutter und Tochter plötzlich anfingen, mich zu beobachten; aber am meisten ärgerte ich mich über Cocos Benehmen, der sich nicht schämte, jeder Gelegenheit zu einem Tête-à-tête Vorschub zu leisten.

Er hatte die peinliche Angewohnheit, mit lebhaftem Schwanzgewedel zwischen mir und den jungen Leuten hin und her zu laufen, uns abwechselnd aufdringlich anzustarren und laut zu bellen, wenn wir ihn nicht beachteten, und manchmal ging er sogar so weit, uns am Ärmel zu zerren. Und die Mutter pflegte dann kopfschüttelnd zu sagen: »Was ist das für ein merkwürdiger Hund! Man könnte fast glauben …«

Aber sie sprach den Satz nicht zu Ende. Als die Familie zwei Wochen bei mir war, endete fast jedes Gespräch auf diese Weise.

Ich bin der Meinung, daß sich nur Gleichaltrige zu Paaren zusammenfinden sollten, die Vierzigjährigen mit den Vierzigjährigen und die Zwanzigjährigen mit den Zwanzigjährigen. Sollten sich die Vierzigjährigen, wie es zuweilen vorzukommen pflegt, aus ihren Altersgenossen nichts machen und sich lieber den Zwanzigjährigen zugesellen, dann sollte man sie in ihrem eigenen Interesse davon zurückhalten; und ebenso sollte man den Zwanzigjährigen, die sich in der Unerfahrenheit ihrer Jugend einbilden, daß sie auf die Dauer mit Vierzigjährigen glücklich sein könnten, solche Gedanken ausreden.

Da es glücklicherweise zu der Zeit in meinem Hause niemanden gab, der auf die Lockrufe der Jugend hörte, hätte man meinen sollen, daß wir infolgedessen alle sehr glücklich waren. Aber wir waren es nicht. Ich glaube, es lag daran, daß wir alle zu gesund waren. Ein Überschuß an Gesundheit bringt meist auch eine Steigerung des Tatendrangs mit sich; wenn man vor Lebenskraft überschäumt, will man entweder in der Liebe oder im Kampf seine Kräfte messen. Da sich meinen Gästen für erstere keine Gelegenheit bot, fingen sie an zu streiten, und da hier oben nichts halb getan wurde, schlug ihre anfängliche gute Laune plötzlich ins Gegenteil um. Die Söhne waren verstimmt, weil Cocos Bemühungen, sie und mich zusammenzubringen, nur den Erfolg hatten, die Kluft zwischen uns zu erweitern, und Mutter und Tochter, weil sie diese Entfremdung spürten und ungehalten darüber waren, obwohl sie es noch viel weniger gern gesehen hätten, wenn sie nicht eingetreten wäre.

Diese Spannungen veranlaßten sie jedoch keineswegs, abzureisen. Im Gegenteil, sie bestärkten sie, dazubleiben. Denn sie hatten es sich in den Kopf gesetzt, miteinander ins reine zu kommen, und es war offensichtlich, daß sie ihre Reise nach Rom nicht eher fortsetzen würden, als bis ihnen das gelungen war. Die Mutter wollte mit ihren Söhnen ins reine kommen und die Tochter mit ihren Brüdern und, wie ich fürchtete, alle wiederum mit mir; denn es war mir nicht verborgen geblieben, daß ich eine der Ursachen ihrer Meinungsverschiedenheiten war. Allerdings nicht die einzige – es gab noch andere, zum Beispiel Fahrkarten. Die atmosphärischen Strömungen hier oben schienen sich auch dahin auszuwirken, daß die geringsten Kleinigkeiten zu leidenschaftlichen Erörterungen Anlaß gaben, und ich will mich selbst nicht zu hoch einschätzen. Der einzige Unterschied zwischen mir und den Fahrkarten bestand darin, daß man über sie in aller Öffentlichkeit sprach und über mich nicht. Um über mich zu sprechen, zog man sich in die Schlafzimmer zurück und machte die Türen hinter sich zu. Und ich, die man nach dem Tee in der Halle allein mit Coco zurückließ, ärgerte mich, weil ich wußte, was da oben vor sich ging.

»Gerald, komm doch einen Augenblick in mein Zimmer, ich möchte dir etwas zeigen!« pflegte die Mutter zu sagen, und gleich darauf bat die Schwester den anderen Bruder mit den gleichen Worten zu sich, mit dem einzigen Unterschied, daß sie ihn mit Gilbert anredete. Und da das Haus aus Holz war und dünne Wände hatte, konnte ich manchmal, wenn sie ihre Stimmen erhoben, nicht umhin, einige Brocken ihrer erregten Unterhaltung, wie »Fünf Kinder ...« oder – was mich besonders wurmte, weil es nicht der Wahrheit entsprach – »Sie muß mindestens vierzig sein, wenn nicht älter ...«, mit anzuhören.

Dann pflegte ich mich zu erheben, meinen Pelzmantel vom Haken zu nehmen, Coco großartig zu pfeifen und mit ihm in die Nacht hinauszugehen, durch das Kiefernwäldchen hinter dem Hause über den knisternden Schnee bis zu einem Felsen, den ich kannte; dort saß ich dann und betrachtete die Sterne, wie sie einer nach dem andern am Himmel erschienen, und begann in diesem friedvollen Schweigen neuen Mut zu fassen. »Fleckenlose Reinheit, göttliche Harmonie!« murmelte ich vor mich hin. Ja, das war es, wonach mich verlangte, sprach ich noch etwas verdrießlich zu mir selbst, aber angesichts dieser verzauberten eisigen Welt, der schneebedeckten Bäume, die sich unter der kühlen Last demütig neigten, und all der kleinen Bäche, die zwischen den Felsen zu einem Winterschlaf festgefroren waren, begann ich mich zu schämen. Über dem weißen Gipfel des Rothorns blinkte ein neuer Stern auf – und ich kränkte mich, weil meine Gäste ihre Schlafzimmer aufsuchten und sich erzählten, daß ich fünf Kinder habe – nun wohl, die hatte ich, nichts konnte wahrer sein als das! –, und kränkte mich, weil sie behaupteten, ich sei schon vierzig, was ich sicherlich eines Tages sein würde, wenn die Zeit weiter so schnell verging wie bisher. Das Ganze kam nur daher, grübelte ich, während ich auf die glitzernden Hänge des Weißhorns blickte, daß wir alle zu dicht aufeinanderhockten; und daß meine Gäste alle einer Familie angehörten, machte die Sache nur noch schlimmer. Aber es war sinnlos, mir dadurch die gute Laune zu verderben, daß ich ihre Abreise vergeblich herbeisehnte, nein, die einzige Möglichkeit, diesem Übelstand abzuhelfen – überkam es mich plötzlich wie eine Erleuchtung –, war, noch mehr Gäste einzuladen. Solche, die nicht miteinander verwandt sind, Gäste, die gar nichts miteinander zu tun haben. Zum erstenmal dämmerte es mir auf, daß es, wenn man sich eine gewisse Freiheit bewahren, dabei aber doch gastlich bleiben will, am gescheitesten ist, seine Türen weit zu öffnen und sich das ganze Haus voll Gäste zu laden. Dann werden sie miteinander so beschäftigt sein, dachte ich, daß sie für mich gar keine Zeit erübrigen und ich in Ruhe an meinem neuen Buch weiterschreiben kann.

Bei diesem Gedanken stand ich auf und –

»Wieviel Gutes
bleibt einem jeden Menschen noch zu tun!«

rief ich den ehrwürdig schweigenden Bergen triumphierend zu, eilte mit Coco ins Haus zurück und begann unverzüglich, verschiedene Briefe zu schreiben und Depeschen aufzusetzen.

Da ich ja in erster Linie von Coco erzählen will, brauche ich auf die folgenden Ereignisse nicht näher einzugehen, denn Coco tat in den nächsten Wochen nichts anderes als gähnen. Es genügt daher wohl zu sagen, daß, nachdem ich für die Söhne zwei junge Mädchen eingeladen hatte, für die Schwester einen jungen Mann, der in keiner verwandtschaftlichen Beziehung zu ihr stand, und für die Mutter einen älteren Herrn, der selbst schon erwachsene Kinder besaß, alle sich so betrugen, wie ich es erhoffte – bis auf jenen Vater.

Mit ihm hatte ich, wie es schien, einen Fehlgriff getan; denn als ich ihn seiner Altersgenossin vorstellte, schien er gar keine Lust zu haben, sich zu ihr zu setzen, sondern erklärte statt dessen mit einem Blick durch das Fenster, daß er sich ein bißchen Bewegung machen wolle, und lief den jungen Mädchen nach.

Das hatte ich nicht vorausgesehen. Seine Handlungsweise warf alle meine Pläne über den Haufen. Die Mutter hatte sich beim Skilaufen eine Sehnenzerrung zugezogen und war daher für einige Tage gezwungen, das Zimmer zu hüten, und ich hatte mir gedacht, daß er, ein Mann in den Sechzigern, ihr mit Vergnügen Gesellschaft leisten, sich zu ihr setzen und mit ihr plaudern würde. Was mich meiner Pflichten als Gastgeberin enthoben hätte.

Aber ich hatte die kräftigende Höhenluft nicht in Betracht gezogen. Überdies stellte sich bald heraus, daß er zu jenen Menschen gehörte, die für ihre Altersgenossen gar nichts übrig haben, insbesondere nicht für solche, die durch einen Verband verunstaltet sind; und die Mutter, die tagsüber auf einem Sofa lag, mußte ja um den einen Fuß, der vorläufig außer Gefecht gesetzt war und sichtbar auf einem Kissenstapel ruhte, einen Verband tragen. Aber was ist ein Fuß im Vergleich zu allem anderen? Ihre intellektuellen Fähigkeiten wurden durch diese Verletzung nicht im geringsten beeinträchtigt. Ihre Seele, ihr Geist, alles das, was man an einem Menschen mit Recht so hoch einschätzt, war wie nur je daran interessiert, Kontakt zu bekommen. Ich bedaure, sagen zu müssen, daß mein neuer Gast auf diese Art von Kontakt gar keinen Wert legte. Er liebte die Jugend, und ihr lief er schamlos nach und verdarb, wie mir die jungen Mädchen später erzählten, ihre Kletterpartien, weil er, so rüstig er auch sein mochte, doch bedeutend älter war als sie und ihnen mühsam auf die Berge nachkroch und ihnen jammernd wieder hinunterfolgte.

Die Folge seiner Weigerung, mit zwei alten Schreckschrauben zu Hause zu bleiben – ich glaube, der alte Herr hielt nicht nur die Mutter, sondern auch mich für eine solche, und im Vergleich zu den jungen Mädchen, die alle unter zwanzig waren, mögen wir ihm vielleicht wirklich als alte Schachteln erschienen sein, so bitter es auch ist, sich so etwas einzugestehen –, die Folge seiner Weigerung war, daß es an mir hängenblieb, meinem invaliden Gast Gesellschaft zu leisten.

Dies kam mir ebenso unerwartet wie ungelegen. Anstatt durch die Anwesenheit mehrerer Gäste mehr freie Zeit zu haben, hatte ich nun weniger denn je. Aber was konnte ich tun? Menschlichkeit sowohl wie Gastfreundschaft verlangten es, daß ich die alte Dame nicht allein ließ. So saß ich stundenlang neben ihr und war, wie ich hoffe, die Liebenswürdigkeit selbst, während ich verzweifelt an all das dachte, was ich statt dessen gern getan hätte.

Und Coco saß bei uns und gähnte. Seit das Interesse der beiden Söhne für mich nachgelassen hatte, waren sie ihm gleichgültig geworden. Er langweilte sich sichtlich. Er wollte nicht einsehen, warum er an diesem schönen Morgen drinnenbleiben mußte und warum ich nicht meine Skier angeschnallt hatte und wir beide nicht mehr wie früher zusammen die Hänge hinuntersausten. Er gähnte unaufhörlich – den Kopf zurückgeworfen, das riesige Maul weit aufgerissen –, mit all den Geräuschen, die alte Männer, denen es bereits gleichgültig geworden ist, was andere Leute von ihnen denken, beim Gähnen von sich geben.

Ich hätte es nicht für möglich gehalten, daß ein Hund so ausdauernd gähnen konnte wie Coco. Es war unmöglich, nicht davon angesteckt zu werden, und infolgedessen gähnten wir alle drei. Zuerst war es ein wohlerzogenes, möglichst unauffälliges Gähnen, weit entfernt von Cocos schamloser Hemmungslosigkeit, und anfangs pflegte sich die Mutter jedesmal anmutig die Hand vors Gesicht zu halten und entschuldigend zu sagen: »Ich weiß wirklich nicht, was heute morgen über mich gekommen ist.« Es währte jedoch nicht lange, und sie gähnte ganz ungeniert. Beide gähnten wir schließlich mit offenem Mund, ohne die geringste Anstrengung zu machen, es zu verbergen.

Seltsamerweise rief das Höhenklima auch ein merkliches Nachlassen der guten Erziehung hervor. Nicht, daß wir etwa gewagt hätten, grobe Verstöße gegen Anstand und Schicklichkeit zu begehen – o nein, lieber wären wir gestorben –, aber kleinere ließen wir uns täglich zuschulden kommen. Das Gähnen, ohne sich die Hand vor den Mund zu halten, war nur ein Beispiel. Ich könnte noch andere anführen, da ich ja aber keine Autobiographie schreibe, brauche ich es glücklicherweise nicht zu tun.

Charlotte Link
Wirklich clever, dieser Weihnachtsmann

Ich wußte natürlich von Anfang an, daß das ganze Haus über mich herziehen würde, wenn Susanne auf meine Anordnung hin den Hund fortschaffen müßte. »Das nette junge Mädchen«, würde es heißen, und »der süße, arme Hund!« Und außerdem war Adventszeit, da sind die Leute im Vergleich zum übrigen Jahr dreimal so sentimental. Dabei hätten sie sich mit ein bißchen kühlem Verstand sagen müssen, daß ich recht hatte: Machen denn Hunde noch etwas anderes als Lärm? Und Schmutz? Und das ist in den Wochen vor Weihnachten weiß Gott nicht anders als sonst. Im Gegenteil, ich sah sie schon, die Schneespuren im Treppenhaus. In *meinem* Treppenhaus! Denn ich bin der Besitzer – und damit verantwortlich dafür, daß hier alles seinen geordneten Gang geht.

Susanne, das Mädchen aus dem dritten Stock, hatte die kleine braune Hündin aus Spanien mitgebracht. Maroussia hatte am Rand einer staubigen Landstraße gelegen, mit zwei gebrochenen Beinen und zum Skelett abgemagert. Natürlich, so eine Geschichte geht einem schon nahe, und ich finde es ja auch in Ordnung, daß Susanne dieses arme Bündel Haut und Knochen aufgesammelt und mitgebracht hat. Aber warum soll es jetzt in meinem Haus leben? Wozu gibt es Tierheime?

»Heute ist der dritte Advent«, sagte ich zu Susanne, »bis zum vierten haben Sie Zeit, diesem Hund ein neues Zuhause zu suchen. Es tut mir leid, aber hier ist Tierhaltung nun einmal verboten. Ich kann da keine Ausnahme machen.«

Susanne erwiderte nichts, aber sie sah mich lange und eindringlich an. Es war wie verhext; sie und der spanische Hund hatten dieselben tiefdunklen, maurischen Augen.

»Also«, murmelte ich, »eine Woche. Das müßte reichen.«

Sämtliche Familien im Haus nahmen lebhaften Anteil an Susannes Versuchen, für Maroussia einen neuen Platz zu finden. Und ich selbst mußte mir immer wieder die neuesten Geschichten anhören; meine Kinder erzählten sie mir, und jeder Mieter, den ich im Aufzug oder im Gang traf, berichtete mir sofort aufgeregt von Susannes und Maroussias Abenteuern.

Also – das mit dem Tierheim war schiefgegangen. Susanne hatte den Hund abgeliefert, war auch noch irgendwie zu ihrem Auto zurückgelangt, hatte es aber dort – offenbar inzwischen blind vor Tränen – nicht mehr über sich gebracht, alleine nach Hause zu fahren. Und so kehrte sie schnurstracks um, holte Maroussia aus dem Käfig und kreuzte hier wieder mit ihr auf. Da die Frist noch nicht abgelaufen war, sagte ich nichts. Fairneß muß sein.

Der nächste Anlauf war eine Annonce in der Zeitung. »Kleine braune Hündin sucht neues Zuhause ...« Meine jüngste Tochter, die gerade erst Lesen gelernt hatte, las mir den Text beim Frühstück stockend und fehlerhaft, aber erbarmungslos von Anfang bis Ende vor. Alle drei Kinder sahen mich an, als hätten sie einen Schwerkriminellen vor sich.

»Jetzt werden sich bald liebe, nette Menschen für die liebe, nette Maroussia finden«, sagte ich munter. Keines der Kinder antwortete. Meine Tochter stand auf und verließ schweigend das Zimmer. Im Radio spielten sie »O du fröhliche ...«

Wie man sich so im Haus erzählte, hatte die Annonce eine durchschlagende Wirkung, allerdings nur insofern, als Abend für Abend wildfremde Menschen zu Susanne in die Wohnung stolperten, einen kurzen Blick auf den Hund warfen und im übrigen dies alles als eine Art Einladung ansahen, den Abend in angeregter Unterhaltung mit einer hübschen jungen Frau zu verbringen. Ganze Familien erschienen, Ehepaare, einsame Männer – aber keiner, soweit ich das durch meinen Türspion erkennen konnte, verließ das Haus mit einem Hund an der Leine.

»Es wird einfach keiner gut genug sein«, meinte ich zu meiner Frau, »wahrscheinlich sucht sie ein Fürstenschloß für diese Maroussia.«

»Ach was, es ist so, daß niemand diesen armen spanischen Hund will«, entgegnete meine Frau und warf mir einen anklagenden Blick zu. Ich fühlte mich langsam verfolgt. Gab es denn niemanden, der Verständnis für *meine* Gründe hatte?

In unserem Haus lebte ein alter Mann, und der nahm besonderen Anteil am Schicksal von Susanne und Maroussia. Jeden Tag kaufte er eine Dose Hundefutter, die er vor Susannes Wohnungstür stellte. Alle im Haus liebten diesen alten Mann, besonders die Kinder, denn einmal im Jahr, am vierten Advent, verkleidete er sich als Weihnachtsmann und zog in einem roten Mantel und mit einer roten Mütze auf dem Kopf von Wohnung zu Wohnung und verteilte kleine Geschenke an die Kinder. Eine nette Idee, das mußte ich ja zugeben, aber ich glaube, ich war immer ein bißchen eifersüchtig, wenn meine Kinder voller Begeisterung von ihm sprachen. Oder mit Problemen zu ihm statt zu mir gingen.

So wie mit der Katze.

Die Katze tauchte zwei Tage vor dem vierten Advent in unserem Vorgarten auf, genauer gesagt, direkt unter unserem Wohnzimmerfenster. Ein mageres Tier mit struppigem Fell und entzündeten Augen. Offenbar hatte sie keinen Besitzer, aber warum, um alles in der Welt, mußte sie gerade zu uns kommen? Sie saß den ganzen Tag auf dem Fensterbrett, eng an die Glasscheibe gepreßt, und maunzte. Maunzte zum Gotterbarmen. Ihr spitzes Gesicht hob sich als helles Dreieck von der frühen winterlichen Dämmerung ab. Überflüssig zu sagen, daß meine Kinder auf der anderen Seite des Fensters klebten und fast genauso anhaltend und herzzerreißend jammerten wie die Katze.

»Kommt, wir zünden die Kerzen am Adventskranz an«, versuchte ich sie abzulenken. Das war für gewöhnlich *die* Sensation. Nicht so heute.

»Wir haben schon den Weihnachtsmann um Hilfe gefragt«, sagte meine Tochter. Ich seufzte. »Das ist kein Weihnachtsmann. Das ist ein ganz normaler Mann! Nur weil er einmal im Jahr …«

»Er sagt, er kann die Katze nicht zu sich nehmen«, fuhr meine Tochter ungerührt fort, »weil du das hier im Haus verboten hast. Warum hast du es verboten?«

Ich fragte mich, womit ich es verdient hatte, in so unangenehme Grundsatzdiskussionen verwickelt zu werden. Statt einer Antwort zog ich rasch die Vorhänge zu, um das Katzengesicht draußen nicht mehr sehen zu müssen.

»Wir singen jetzt Weihnachtslieder!« bestimmte ich. Der

Gesang fiel mager aus. Immer wieder brach eines der Kinder ab, lauschte nach draußen und fragte die anderen: »Schreit sie noch?« Und dann lauschten sie alle, und tatsächlich, zart wie das Läuten einer kleinen silbernen Glocke klang die Stimme der Katze von draußen herein.

In der Nacht hatte es geschneit. Im Laufe des Tages wurde es immer kälter, als leuchtendroter Ball hing die Sonne am fahlen Winterhimmel.

Ich traf Susanne und Maroussia an der Haustür. Der Hund wedelte vergnügt mit dem Schwanz, Susanne aber sah blaß und übernächtigt aus. Sie grüßte mich mit leiser Stimme.

»Na, jetzt sagen Sie nur, es hat sich immer noch niemand für diesen hübschen Hund gefunden?«

»Niemand«, entgegnete Susanne. Ich schüttelte den Kopf. »Aber es kommen doch ständig Interessenten?«

»Ja, aber die meisten suchen einen reinrassigen Hund. Oder sie suchen gar keinen, sondern wollen nur einmal in eine andere Wohnung hineinschauen, jemanden kennenlernen. Einer wollte sich sogar Geld pumpen. Ja, und ...«, sie schaute mich nicht an, sondern blickte an mir vorbei zum Horizont, wo die Sonne hinter den Bäumen unterging, »morgen ist der vierte Advent ...«

Die Katze miaute den ganzen Abend vor unserem Fenster. Allmählich gewann ich den Eindruck, daß sich sämtliche leidenden Kreaturen dieser Erde ausgerechnet in meinem Haus versammelten. »Warum geht sie nicht woandershin?« fragte ich gereizt. Wir saßen alle vor dem Kamin, blickten in die Flammen und lauschten auf das Knistern der brennenden Holzscheite. Das heißt, wir hätten gern gelauscht. Meist aber war die Stimme der Katze lauter.

Niemand antwortete auf meine Frage.

»Morgen kommt der Weihnachtsmann«, wechselte ich das Thema.

Es antwortete immer noch niemand. Aha, jetzt wurde ich also geschnitten. Noch ein paar Tage, und meine Widerstände würden erlahmen. Ich beschloß, früh schlafen zu gehen. Eine tolle Adventszeit dieses Jahr, wirklich!

Der Weihnachtsmann kam tatsächlich am nächsten Tag. Er hatte sich einen langen weißen Bart angeklebt, und seine himmelblauen Augen blitzten. Für die Kinder kramte er Schokoladennikoläuse hervor, Strohsterne und Glaskugeln, in denen es schneite, wenn man sie schüttelte. Dann sah er sie alle der Reihe nach an.

»Was wünscht ihr euch denn vom Christkind?«

Die Antwort kam wie aus der Pistole geschossen, und noch dazu im Chor: »Wir wollen, daß unser Vater die Katze hereinläßt!«

Der alte Mann schaute mich an. »Es ist bald Weihnachten«, sagte er leise.

Das war der Moment, da ich kapitulierte. Sentimentaler Narr, der ich bin, aber irgendwie ging es mir ans Herz – die bettelnden Augen der Kinder, der alte Mann in seinem roten Mantel, aber vor allem die Stimme, mit der er sagte: »Es ist bald Weihnachten.«

»In Gottes Namen, holt die Katze herein«, sagte ich erschöpft. Der alte Mann lächelte mir zu und wandte sich zum Gehen, ich kämpfte mit mir, aber dann hielt ich ihn zurück.

»Was Recht ist«, knurrte ich, »muß Recht bleiben. Wenn ich hier eine Katze habe, kann ich Susanne nicht gut ihren Hund verbieten, nicht wahr? Sagen Sie ihr – mein Adventsgeschenk –, sie kann den Hund behalten. Wenn's sein muß!«

Es tat gut, wirklich, ich muß zugeben, es tat gut, in die warmen, freundlichen Augen des Weihnachtsmannes zu blicken.

Natürlich bin ich kein Dummkopf. Ich weiß längst, was hier gelaufen ist. Ich habe das leere Baldrianfläschchen im Müll gefunden. Und ich habe Baldrian gerochen – auf meinem Fensterbrett. Wirklich clever, dieser Weihnachtsmann. Um Maroussia zu retten, setzte er mich mit einem anderen Tier unter Druck. Eine heimatlose Katze ist leicht aufzutreiben. Und ich fragte noch: »Wieso kommt sie immer wieder zu uns?« Jeder weiß, mit Baldrian kann man Katzen verrückt machen. Es zieht sie magisch an. Und bringt sie zum Schreien.

Ja, so war das. Aber komischerweise war ich gar nicht ärgerlich an diesem Abend. Alle vier Kerzen auf dem Adventskranz brannten. Wir sangen Weihnachtslieder, und auf dem Sofa lag die Katze und putzte ihr weißes struppiges Fell.

Patricia Highsmith
Zu Weihnachten tickt eine Uhr

»Haben Sie 'nen Franc für mich, Madame?«

So fing es an.

Michèle sah über den Arm voller Schachteln und Plastiktüten hinab auf einen kleinen Jungen in einem viel zu großen Wollmantel und mit einer Tweedmütze, die ihm über die Ohren gerutscht war. Er hatte große dunkle Augen und ein gewinnendes Lächeln. »Ja!« Sie warf ihm zwei Münzen zu, die sie nach dem Bezahlen des Taxis in der Hand behalten hatte.

»*Merci,* Madame!«

»Und das noch«, sagte Michèle, der auf einmal eingefallen war, daß sie kurz zuvor einen Zehnfrancschein in die Manteltasche gesteckt hatte.

Der Junge bekam den Mund nicht zu: »Ah, Madame – *merci beaucoup!*«

Eine Plastiktüte war ihr entglitten. Der Kleine hob sie auf.

Michèle lächelte, nahm die Tüte mit einem Finger und drückte mit dem Ellbogen auf den Türöffner. Die schwere Tür schwang klackend auf, und sie trat über die hohe Schwelle. Ein Stoß mit der Schulter ließ die Tür wieder zufallen. Sie ging über den Hof des Mietshauses; links und rechts säumten Bambusstengel den Weg wie schlanke Wächter, und neben den Pflastersteinen vor Hof E wuchsen Lorbeer und Farne. Charles würde schon zu Hause sein, es war kurz vor sechs. Was würde er zu all den Päckchen sagen und zu den mehr als dreitausend Franc, die sie heute ausgegeben hatte? Na gut, die meisten Weihnachtseinkäufe hatte sie damit erledigt, und eines war als Geschenk für Charles' Familie bestimmt – darüber konnte er sich kaum beschweren. Der Rest war für Charles und für ihre Eltern. Für sie selber war nur eins, ein Gürtel von Hermès, dem sie nicht hatte widerstehen können.

»Ah, der Weihnachtsmann!« rief Charles, als Michèle hereinkam. »Oder seine Frau?«

Sie ließ die Päckchen im Flur auf den Boden fallen. »Pu-uh! Ja, ein guter Tag. Hab viel geschafft, mein ich. Wirklich!«

»Sieht ganz so aus.« Charles half ihr, Päckchen und Tüten wieder einzusammeln.

Michèle hatte den Mantel abgelegt und war aus den Schuhen geschlüpft. Sie warfen die Päckchen auf das große Doppelbett im Schlafzimmer, Michèle redete ununterbrochen, erzählte ihm von der schönen weißen Tischdecke für seine Eltern und von dem kleinen Jungen unten vor der Tür, der sie um einen Franc angebettelt hatte. »Ein einziger Franc – nach allem, was ich heute gekauft habe! So ein süßer Bengel, etwa zehn Jahre alt. Und sah so arm aus – seine Kleider! Genau wie in den Weihnachtsgeschichten von früher, dachte ich. *Tu sais?* Wenn jemand, der weniger hat, um eine Kleinigkeit bittet.« Michèle lächelte strahlend, glücklich.

Charles nickte. Michèles Familie war reich. Charles Clément hatte sich hochgearbeitet, vom Maurerlehrling mit sechzehn zum Chef seiner eigenen Firma, Athénas Constructions, mit achtundzwanzig. Mit dreißig hatte er Michèle kennengelernt, die Tochter eines Kunden, und sie geheiratet. Manchmal wurde ihm schwindelig, wenn er an seinen

Erfolg dachte, im Beruf wie privat. Er vergötterte Michèle, sie war wunderbar. Aber ihm wurde klar, daß er sich leichter als den kleinen Jungen sehen konnte, der um einen Franc bettelte (was er selber nie getan hätte), als etwa Michèles Bruder, der seine Wohltaten wie seine Schwester mit einer ganz eigenen Haltung verteilte – gütig und herablassend zugleich. Diese Haltung war ihm auch bei seiner Frau bereits aufgefallen.

»Nur ein Franc?« fragte er schließlich. Und lächelte.

Michèle lachte. »Nein, ich hab ihm einen Zehnfrancschein gegeben, den hatte ich lose in der Tasche. Schließlich ist Weihnachten.«

Charles lachte leise. »Der Kleine wird wiederkommen.«

Michèle stand mit dem Gesicht zum Wandschrank vor der offenen Schiebetür. »Was soll ich heute abend anziehen? Das hellrote Kleid, das du so magst – oder das gelbe? Das gelbe ist neuer.«

Charles legte den Arm um ihre Taille. Die lange Reihe Kleider, Blusen und Röcke sah aus wie ein Regenbogen zum Anfassen: schimmerndes Gold, samtiges Blau, Beige und Grün, Satin und Seide. Das hellrote Kleid konnte er unter all den anderen gar nicht entdecken, sagte dann aber: »Ja, das rote. In Ordnung?«

»Natürlich, *chéri.*«

Sie waren bei Freunden zum Abendessen eingeladen. Charles ging zurück ins Wohnzimmer und vertiefte sich wieder in seine Zeitung, während Michèle duschte und sich umzog. Er trug seine Hausschuhe – wie ein alter Mann, dachte er, dabei war er erst zweiunddreißig. Allerdings hatte er diese Angewohnheit schon seit seiner Jugend, als er mit seinen Eltern in Clichy gewohnt hatte. Jeden zweiten Tag war er mit nassen Schuhen und Strümpfen nach Hause gekommen, nachdem er auf einer Baustelle in Schlamm oder Wasser gestanden hatte, und Filzpantoffeln hatten sich danach gut angefühlt. Sonst aber war Charles schon ausgehfertig angezogen: dunkelblauer Anzug, ein Hemd mit Manschettenknöpfen und Seidenschlips, den er noch nicht festgeknotet hatte. Er steckte sich seine Pfeife an – Michèle würde noch eine ganze Weile brauchen – und ließ den Blick durch sein schönes Wohnzimmer schweifen, in Gedanken schon bei Weihnachten. Das erste Anzeichen für das Fest war der dunkelgrüne, rund dreißig Zentimeter große Adventskranz, den Michèle am Vormittag gekauft haben mußte. Er lehnte auf dem Eßtisch an der Obstschale. Michèle würde ihn bestimmt an den Klopfer der Wohnungstür hängen. Das Messing am Kamin, Schürhaken und Feuerzangen, glänzte wie immer, poliert von Geneviève, ihrer *femme de ménage.* Vier der guten Handvoll Ölbilder an den Wänden zeigten Michèles Vorfahren, zwei davon in weißen Rüschenkragen. Charles goß sich einen kleinen Glenfiddich ein und trank ihn unverdünnt. Der beste Whiskey der Welt, fand er. Ja, das Schicksal hatte es gut mit ihm gemeint: Komfort und Luxus, wohin er auch schaute. Er streifte seine klobigen Hausschuhe ab und trug sie ins Schlafzimmer, wo er mit Hilfe eines silbernen Schuhlöffels in seine Ausgehschuhe schlüpfte. Michèle im Bad war noch mit Schminken beschäftigt und summte vor sich hin.

Zwei Tage später traf sie den kleinen Jungen wieder, dem sie den Zehnfrancschein gegeben hatte. Sie hatte die Haustür schon fast erreicht, da erst sah sie ihn, denn sie war mit ihrer Aufmerksamkeit ganz bei dem weißen Pudel gewesen, den sie gerade gekauft hatte. An der Straßenecke hatte sie ihr Taxi bezahlt und führte nun den Welpen vorsichtig an seiner neuen schwarzgoldenen Hundeleine den Bordstein entlang. Der Welpe wußte nicht, wohin; Michèle mußte ihn hinter sich herziehen. Er drehte sich im Kreis, wuselte in die falsche Richtung, bis sein Halsband ihn würgte, sah dann gutmütig zu Michèle auf und trottete hinter ihr her. Ein Mann blieb stehen und betrachtete ihn bewundernd.

»Keine drei Monate«, antwortete Michèle auf seine Frage.

In diesem Moment bemerkte sie den kleinen Jungen. Er trug denselben Wollmantel, den Kragen gegen die Kälte hochgeschlagen, und jetzt fiel ihr auf, daß es das Tweedjackett eines Mannes war, viel zu groß für ihn, die Ärmel aufgekrempelt, die Knöpfe versetzt, damit das Jackett enger an dem Kinderkörper anlag.

»B'jour, Madame!« sagte der Junge. »Ist das Ihr Hund?«

»Ja, habe ihn gerade gekauft.«

»Wieviel hat er gekostet?«

Sie lachte.

Der Junge zog etwas aus seiner Tasche. »Das hier hab ich Ihnen mitgebracht.«

Ein winziger Stechpalmenstrauß mit roten Beeren. Als Michèle ihn mit der freien Hand entgegennahm, bemerkte sie, daß er aus Plastik war. Die Beeren hingen an künstlichen Zweiglein, der kleine Blechtopf war eingedrückt. »Dankeschön«, sagte sie amüsiert. »Und was bin ich dir dafür schuldig?«

»Gar nichts, Madame!« Stolz sah er ihr in die Augen, lächelte. Ihm lief die Nase.

Sie drückte den Türknopf ihres Hauses. »Willst du kurz mit hochkommen und mit dem Hündchen spielen?«

»Oui, merci!« Er wirkte angenehm überrascht.

Michèle ging voraus, über den Hof und in den Fahrstuhl. Sie schloß die Wohnungstür auf und ließ den Hund von der Leine. Dann gab sie dem Jungen ein Papiertaschentuch aus ihrer Handtasche, und er putzte sich die Nase. Der Junge und der Welpe verhielten sich gleich, dachte sie: sahen sich um, drehten sich im Kreis, schnieften und schnüffelten.

»Wie soll ich den Welpen nennen?« fragte Michèle. »Hast du eine Idee? Und wie heißt du?«

»Paul, Madame«, erwiderte der Junge und betrachtete wieder die Wände, das große Sofa.

»Gehen wir in die Küche. Du bekommst – eine Cola.«

Der Junge und der kleine Hund folgten ihr. Michèle stellte dem Welpen Wasser hin und holte eine Flasche Coca-Cola aus dem Kühlschrank.

Der Junge trank in kleinen Schlucken aus dem Glas, während sein Blick durch die große weiße Küche schweifte. Seine Augen erinnerten Michèle an offene Fenster. Oder an die Linse einer Kamera. »Geben Sie dem Hündchen *bifteck haché,* Madame?« fragte der Kleine.

Michèle tat gerade mit einem Löffel rotes Fleisch aus dem Einwickelpapier auf eine Untertasse. »O ja, heute schon. Vielleicht auch jeden Tag, ein bißchen wenigstens. Später bekommt er Dosenfutter.« Als sie das Fleisch wieder verpackte, aß es der Junge mit seinem Blick förmlich auf, und spontan fragte sie: »Möchtest du was davon? Einen Hamburger?«

»Ja, auch roh – ein bißchen.« Er streckte die Hand aus

(schmutzige Fingernägel) und nahm, was sie ihm auf einem Teelöffel hinhielt. Paul steckte sich das Fleisch in den Mund.

Michèle legte das eingewickelte Fleisch zurück in den Kühlschrank und drückte die Tür zu. Irgendwie machte der Hunger des Jungen sie nervös. Natürlich bekam er nicht oft Fleisch zu essen, wenn seine Familie arm war. Sie wollte ihn nicht danach fragen. Leichter fiel es ihr, Paul kurz danach ein paar Kekse aus einer fast vollen Schachtel anzubieten. »Greif zu!« Sie gab ihm die ganze Schachtel.

Langsam, stetig aß der Junge alle Kekse auf, während er mit Michèle zusah, wie der Welpe die letzten Bröckchen von der Untertasse leckte. Dann nahm er die Untertasse und trug sie zur Spüle.

»Richtig so, Madame?«

Sie nickte. Charles und sie besaßen eine Spülmaschine und nutzten die Spüle selten für schmutziges Geschirr. Der Junge warf die leere Keksschachtel in den gelben Abfalleimer. Der Eimer war fast voll, und der Kleine fragte, ob er ihn für sie leeren solle. Michèle war verwundert, sie schüttelte kaum merklich den Kopf; ihr war, als habe sich ein Weihnachtsengel in ihr Haus verirrt. Der Junge und der weiße Welpe – der Junge so hungrig und der Welpe so jung! »Hier entlang – aber das brauchst du nicht zu tun.«

Doch der Junge wollte helfen, also zeigte sie ihm den grauen Plastiksack vor dem Dienstboteneingang, dort konnte er den Abfalleimer entleeren. Dann gingen sie zurück ins Wohnzimmer und spielten auf dem Teppich mit dem Welpen. Michèle hatte einen blauen Gummiball mit Glöckchen gekauft, Paul rollte den Ball behutsam auf das Hündchen zu. Höflich hatte er abgelehnt, den Mantel abzulegen oder sich zu setzen. Michèle bemerkte Löcher an den Fersen beider Strümpfe. Seine Schuhe waren noch schlechter dran: Risse zwischen Sohle und Oberleder. Sogar die Säume seiner Jeans waren zerschlissen. Wie sollte ein Kind bei diesem Wetter in Jeans nicht frieren?

»*Merci,* Madame«, sagte Paul. »Ich gehe jetzt.«

»Wuff, wuff!« kam es von dem Welpen, der wollte, daß der Junge ihm den Ball noch einmal zurollte.

Auf einmal war Michèle so verlegen, als sei sie mit einem erwachsenen Mann aus einem anderen Land, einer anderen Kultur zusammen. »Danke für deinen Besuch, Paul. Und falls wir uns nicht mehr sehen: Fröhliche Weihnachten.«

Auch Paul schien sich nicht wohl zu fühlen in seiner Haut; er wand sich und sagte: »Ihnen ebenfalls, Madame: Fröhliche Weihnachten.« Und zum weißen Welpen: »Dir auch!« Unvermittelt wandte er sich zur Tür.

»Ich würde dir gern etwas schenken, Paul«, sagte Michèle, die ihm folgte. »Wie wär's mit einem Paar Schuhe? Welche Größe hast du?«

»Ha!« Wurde der Junge etwa rot? »Zweiunddreißig. Vielleicht auch vierunddreißig, denn ich wachse ja noch, sagt mein Vater.« Er hob einen Fuß; es sah komisch aus.

»Was macht dein Vater beruflich?« Michèle war froh, daß ihr eine unverfängliche Frage eingefallen war.

»Liefert Getränke aus. Er holt Kisten von einem Laster herunter.«

Michèle stellte sich einen kräftigen Kerl vor, der von einem riesigen LKW Kisten mit Mineralwasser, Wein und Bier herabhievte und leere Kisten hinaufwarf. Solche Arbeiter sah sie täglich überall in Paris, vielleicht hatte sie ja sogar Pauls Vater schon gesehen. »Hast du Geschwister?«

»Einen Bruder, zwei Schwestern.«

»Und wo wohnst du?«

»Ach … In einem Keller.«

Michèle wollte nicht nachfragen, ob sie wirklich im Keller oder im Souterrain wohnten oder ob seine Mutter auch arbeite. Ihr Einfall, ihm Schuhe zu schenken, stimmte sie heiter. »Komm morgen gegen elf Uhr wieder, dann hab ich ein Paar Schuhe für dich.«

Paul schien ihr nicht zu glauben. Nervös wühlte er mit den Händen in den Manteltaschen herum. »Na gut. Um elf.«

Der Junge wollte alleine den Fahrstuhl nach unten nehmen, und Michèle ließ ihn gehen.

Am nächsten Morgen um kurz nach elf schlenderte Michèle über den Bürgersteig unweit ihrer Wohnung, den kleinen Hund an der Leine. Charles und sie hatten am Abend zuvor beschlossen, ihn Hesekiel zu nennen, was bereits zu Zeke verkürzt worden war. Auf einmal erblickte sie Paul, daneben ein noch kleineres Mädchen.

»Meine Schwester Marie-Jeanne.« Paul sah aus seinen großen dunklen Augen zu ihr auf, dann hinab zu seiner Schwester, der er stumm bedeutete, Michèle die Hand zu geben.

Michèle ergriff die kleine Hand, sie begrüßten einander. Die Schwester war eine kleinere Ausgabe ihres Bruders mit längerem schwarzen Haar. *Die Schuhe* – Michèle hatte Paul zwei Paar gekauft. Sie bat beide herauf. Wieder der Lift, das Öffnen der Wohnungstür, wieder dieses Staunen, diesmal in den Augen der Schwester.

»Probier sie an, Paul. Beide Paar«, sagte Michèle.

Paul saß auf dem Boden, aufgeregt und glücklich, und zog die Schuhe an. »Sie passen! Alle beide!« Zum Spaß schlüpfte er in den linken Schuh des einen und den rechten des anderen Paars.

Marie-Jeanne interessierte sich mehr für das Apartment als für die Schuhe.

Michèle holte Coca-Cola. Eine Flasche für jeden dürfte reichen, dachte sie. Sie hatte die Kinder ins Herz geschlossen, fürchtete aber, es zu übertreiben, sich irgendwie nicht mehr im Griff zu haben. Als sie mit den kalten Softdrinks hereinkam, fing Zeke gerade an, auf einem der neuen Schuhe herumzukauen, und Paul mußte lachen. Rasch brachte seine Schwester den Schuh in Sicherheit, verschüttete dabei aber ein bißchen Cola auf den Teppich. Michèle holte einen Schwamm aus der Küche, und Paul schrubbte am Fleck herum, dann spülte er den Schwamm aus.

Und auf einmal waren beide verschwunden, mit je einem Schuhkarton unter dem Arm.

Am Abend konnte Charles seinen Brieföffner nicht finden. Er lag immer auf seinem Schreibtisch, in einem Raum neben dem Wohnzimmer, der ihnen als Bibliothek und Charles als Arbeitszimmer diente. Er fragte seine Frau, ob sie ihn vielleicht genommen habe.

»Nein. Ist er runtergefallen?«

»Habe schon nachgesehen«, erwiderte Charles.

Dennoch vergewisserten sie sich noch einmal. Der Brieföffner war aus Silber; er sah aus wie ein flacher Dolch mit einem Knauf in Form einer zusammengerollten Schlange.

»Geneviève wird ihn irgendwo finden«, bemerkte Michèle, aber kaum hatte sie das gesagt, als sie schon Paul verdächtigte – vielleicht sogar seine Schwester. Sie erschauerte, wie peinlich berührt, als sei sie persönlich verantwortlich für den Diebstahl, der doch vorerst nur eine Vermutung war, keine Tatsache. Aber Michèle fühlte sich wirklich schuldig, als sie einen Blick auf das besorgte Gesicht ihres Mannes warf. Er öffnete den Brief mit dem Daumennagel.

»Was hast du heute gemacht, Liebling?« Charles lächelte schon wieder und legte den Brief in einem Geschäftsordner ab.

Michèle erzählte ihm, sie habe sich mit der Telefongesellschaft über ihre letzte Rechnung gestritten, mit Erfolg – dies hatte sie für Charles getan, der Zweifel an dem Betrag für ein Ferngespräch angemeldet hatte. Anschließend sei sie beim Friseur gewesen, doch nur für eine Stunde, dann mit Zeke dreimal Gassi gegangen, und sie finde, der Welpe lerne schnell. Sie erwähnte weder die zwei Paar Schuhe, die sie für den Jungen namens Paul gekauft hatte, noch den Besuch des Jungen samt seiner Schwester in ihrer Wohnung.

»Außerdem hab ich den Kranz an der Tür aufgehängt«, sagte Michèle. »Nicht viel Arbeit, ich weiß, aber ist er dir denn nicht aufgefallen?«

»Doch, natürlich. Wie auch nicht?« Er nahm sie in den Arm und küßte sie auf die Wange. »Sehr hübsch, mein Schatz – der Kranz.«

Das war am Samstag. Am Sonntag arbeitete Charles wie so oft ein paar Stunden alleine in seinem Zimmer. Michèle kaufte einen kleinen Weihnachtsbaum mit Kreuzständer und verbrachte am Nachmittag Stunden damit, den Baum zu schmücken. Schließlich stellte sie ihn nicht auf den Boden, sondern auf den Eßtisch, weil der Welpe nicht aufhören wollte, mit dem Christbaumschmuck zu spielen. Michèle freute sich nicht gerade auf den obligatorischen Weihnachtsbesuch bei ihren Schwiegereltern am kommenden Montag, Heiligabend, Punkt fünf Uhr: Die beiden hatten noch nie einen Baum gehabt, und selbst Charles hielt Weihnachtsbäume für eine alberne, aus England importierte Unsitte. Seine Eltern lebten in einer großen alten Wohnung im ersten Stock eines Hauses im achtzehnten Arrondissement. Dort würden sie Geschenke austauschen und heißen Rotweinpunsch trinken, von dem Michèle stets übel wurde. Der Rest des Abends, in der Wohnung ihrer eigenen Eltern in Neuilly, versprach fröhlicher zu werden: Gegen Mitternacht würden sie kalt soupieren, Champagner trinken und im Fernsehen den Beginn des Weihnachtsfests auf der ganzen Welt verfolgen. Das sagte sie Zeke: »Dein erstes Weihnachten! Und du bekommst – eine Truthahnkeule!«

Das Hündchen schien sie zu verstehen und tobte mit heraushängender Zunge durchs Wohnzimmer, den Schalk in seinen schwarzen Augen. Und Paul, Marie-Jeanne? Ob sie jetzt gerade guter Laune waren? Paul vielleicht, mit seinen beiden Paar Schuhen. Und womöglich fand sie noch Zeit vor Weihnachten, Marie-Jeanne eine Bluse oder ein Hemd zu kaufen, auch einen Kuchen für den anderen Bruder, die andere Schwester. Sie könnte das morgen, am Montag, erledigen, und vielleicht würde sie Paul noch treffen und ihm die Geschenke mitgeben können. Weihnachten, das hieß Geben, Teilen, mit Freunden und Nachbarn verbunden sein, sogar mit Fremden. Bei Paul hatte sie damit angefangen.

»Wau-Wau-Wauu!« jaulte der Welpe, am Boden kauernd.

»Einen Moment, Zeke, mein Schatz!« Michèle lief seine Leine holen.

Sie warf sich eine Pelzjacke über und ging mit dem Hündchen nach draußen.

Sofort zog Zeke hin zum Rinnstein; Michèle lobte ihn dafür. Der edle Feinkostladen gegenüber hatte geöffnet; dort kaufte Michèle Pralinen in einer wunderschönen Blechdose, die über hundert Franc kosteten – nur weil ihr die rote Schleife auf der Dose ins Auge gesprungen war.

»Madame – *bonjour!*«

Wieder sah Michèle hinab auf Paul, in das Gesicht des Jungen, der zu ihr aufblickte.

»Noch einmal *joyeux Noël,* Madame!« Paul strahlte und stampfte mit den Füßen auf. Er trug die neuen braunen Schuhe, seine Hände hatte er tief in den Taschen vergraben.

»Hättest du gern eine heiße Schokolade?« fragte Michèle. Gleich ein paar Meter weiter war ein *bar-tabac.*

»Non, merci.« Schüchtern drehte der Junge den Kopf weg.

»Oder eine Suppe!« sagte Michèle bestimmt, von ihrer Idee begeistert. »Komm mit rauf!«

»Ich habe meine Schwester dabei.« Paul fuhr herum, steif vor Kälte, und im selben Augenblick kam Marie-Jeanne aus der Bar geschossen.

»Ach, Madame, *bonjour!*« Marie-Jeanne grinste. Sie hielt eine blaue, handgeflochtene Einkaufstasche in der Hand, die leer zu sein schien, doch dann öffnete sie die Tasche und zeigte sie ihrem Bruder: »Zwei Schachteln, stimmt doch, oder? – Zigaretten für meinen Vater«, fügte sie für Michèle hinzu.

»Wollt ihr zwei nicht kurz mit raufkommen und euch meinen Weihnachtsbaum anschauen?« Immer noch glühte Michèle vor Gastfreundschaft. Was war schon falsch daran, den beiden eine heiße Suppe und etwas Süßes anzubieten?

Sie kamen mit. In der Wohnung schaltete Michèle das Radio an; die Londoner BBC brachte Weihnachtslieder. Genau das richtige! Marie-Jeanne setzte sich vor dem Baum auf den Boden und plapperte mit ihrem Bruder über die schönen Präsentpakete, die sich vor dem Ständer auftürmten, über den Christbaumschmuck und die kleinen Geschenke in den Zweigen, Michèle wärmte eine Dose Erbsensuppe auf, zu der sie die gleiche Menge Milch hinzufügte. Wohltuend und nahrhaft! Der englische Knabenchor sang ein französisches Weihnachtslied, in das sie zu dritt einstimmten:

Il est né le divin Enfant ...
Chantez hautbois, résonnez musettes ...

Dann, wie schon beim ersten Mal, waren beide viel zu schnell wieder verschwunden, mit ihrem Gelächter und Geplapper. Zeke bellte, als wollte er sie zurückrufen, und Michèle blieb mit den leeren Suppenschüsseln und dem zerknüllten Pralinenpapier zurück. Spontan hatte sie den beiden die schöne Dose mitgegeben. Und in ein paar Minuten mußte Charles nach Hause kommen. Michèle hatte gerade die Küche aufgeräumt und war ins Wohnzimmer zurückgekehrt, als sie das Klicken der Fahrstuhltür hörte, dann Charles' Schritte im Flur. Und gleichzeitig fiel ihr die Lücke auf dem Kaminsims auf: Die Uhr – Charles' goldene Bronzeuhr! Sie konnte doch nicht verschwunden sein! Aber so war es.

Der Schlüssel drehte sich im Schloß, die Tür ging auf.

Michèle schnappte sich einen gelb eingeschlagenen Karton – Hausschuhe für Charles – und stellte ihn statt der Uhr auf den Sims.

»Hallo, Liebling!« Er küßte sie.

Charles wollte eine Tasse Tee: Draußen wurde es kälter, er hätte sich beinahe erkältet, als er auf ein Taxi wartete. Michèle machte Tee für zwei und setzte sich so, daß Charles einen Sessel wählen würde, in dem er mit dem Rücken zum Kamin saß. Doch das klappte nicht; Charles nahm sich einen anderen Sessel.

»Was soll denn das Geschenk da oben?« Er meinte das gelbe Päckchen.

Charles hatte ein Auge für Ordnung. Lächelnd und immer noch gutgelaunt ließ er die erste Tasse Tee stehen und trat an den Kamin, nahm das Päckchen, drehte sich zum Weihnachtsbaum um und sah dann zurück zum Kamin: »Und wo ist die Uhr? Hast du sie weggenommen?«

Michèle biß sich auf die Zunge. So gern hätte sie gelogen und gesagt, ja, sie habe sie in einen Schrank gestellt, um auch den Kaminsims für Weihnachten dekorieren zu können, doch wäre das sinnvoll? »Nein, ich –«

»Stimmt etwas nicht mit der Uhr?« Charles wirkte jetzt ernst, so als frage er nach dem Befinden eines lieben Verwandten.

»Ich weiß nicht, wo sie ist«, sagte Michèle.

Charles runzelte die Stirn, schien auf einmal verspannt. Er warf das leichte Päckchen auf den Tisch, wo der Weihnachtsbaum stand. »Hast du diesen Jungen wieder getroffen? Hast du ihn etwa heraufgebeten?«

»Ja, Charles. Ja, ich – ich weiß, ich –«

»Und er war wohl heute nicht zum ersten Mal hier?«

Michèle schüttelte den Kopf. »Nein.«

»Um Himmels willen, Michèle! Du weißt auch, wohin mein Brieföffner verschwunden ist, nicht? Aber die Uhr! Mein Gott, die ist wichtiger! Verdammt viel wichtiger. Wo wohnt dieser Bengel?«

»Keine Ahnung.«

Charles ging zum Telefon, blieb dann aber stehen. »Wann war er hier? Heute nachmittag?«

»Ja, vor knapp einer Stunde. Charles, es tut mir furchtbar leid.«

»Weit weg kann er nicht wohnen. Wie mag er das angestellt haben, mit dir hier im Zimmer?«

»Seine Schwester war auch hier.« Michèle hatte ihr gezeigt, wo die Toilette war. Natürlich, Paul mußte in diesen Minuten die Uhr an sich genommen und in die blaue Einkaufstasche gesteckt haben.

Charles verstand, er nickte grimmig. »Na ja, wenn sie die versetzen, werden sie fröhliche Weihnachten haben. Und ich wette, wir sehen für lange Zeit keinen von beiden wieder – wenn überhaupt. Wie konntest du diese kleinen Gauner nur in die Wohnung lassen?«

Michèle zögerte; sein Zorn schockierte sie. Der Zorn galt ihr. »Sie froren und hatten Hunger – und waren arm.« Sie sah ihrem Mann in die Augen.

»Das war mein Vater auch«, erwiderte Charles langsam, »als er diese Uhr kaufte.«

Michèle wußte das: Die Bronzeuhr war Stolz und Freude der Familie Clément gewesen, seit Charles etwa zwölf

Jahre alt war. In ihrem Arbeiterhaushalt war sie das einzige schöne Stück gewesen. Gleich bei Michèles erstem Besuch bei den Cléments war ihr die Uhr aufgefallen, denn die übrige Einrichtung war scheußlich: Möbel im *style rustique*, überall billiges Furnier und Resopal. Außerdem hatte Charles' Vater ihnen die Uhr zur Hochzeit geschenkt.

»Das Dreckschwein«, murmelte Charles und zog an seiner Zigarette. Er starrte auf die leere Stelle über dem Kamin. »Du kennst solche Typen vielleicht nicht, meine liebe Michèle. Aber ich. Mit denen bin ich aufgewachsen.«

»Dann solltest du mehr Mitgefühl haben! Wenn wir die Uhr nicht wiederbekommen, Charles, dann kauf ich uns eine andere, die ihr so ähnlich ist wie möglich. Ich weiß noch ganz genau, wie sie aussieht.«

Charles schüttelte den Kopf, kniff die Augen zusammen und wandte sich ab. Michèle räumte das Teegeschirr ab und verließ das Zimmer. Zum ersten Mal überhaupt hatte sie ihren Mann den Tränen nahe gesehen.

Charles wollte nicht zu dem Diner gehen, zu dem sie abends eingeladen waren. Er fand, sie solle allein hingehen und sich irgendeine Entschuldigung für ihn ausdenken. Michèle sagte zuerst, sie werde ebenfalls zu Hause bleiben, überlegte es sich dann aber anders und zog sich um.

»Ich sehe nicht, was falsch daran sein soll, eine neue Uhr zu kaufen«, sagte sie. »Ich verstehe nicht –«

»Wirst du wohl auch nie«, unterbrach sie ihr Mann.

Michèle kannte Bernard und Yvonne Petit seit vielen Jahren. Beide waren schon vor der Heirat mit Charles ihre Freunde gewesen. Michèle drängte es, Yvonne die Sache mit der Uhr zu erzählen, aber das war keine Geschichte, die man bei einem Abendessen für acht von sich geben konnte, und als es Zeit für den Kaffee war, hatte sie beschlossen, sie lieber gar nicht zu erzählen: Charles war ernsthaft verärgert, und das war ihre Schuld. Als Michèle jedoch gehen wollte, fragte Yvonne sie, ob sie etwas bedrücke, was Michèle erleichtert zugab. Yvonne führte sie in eine Bibliothek, die der ihrigen ähnelte, und dort platzte Michèle mit der ganzen Geschichte heraus.

»Wir haben hier genau die Uhr, die du brauchst!« sagte Yvonne. »Bernard gefällt sie nicht einmal besonders. Ha! Schrecklich, so was zu sagen, nicht? Aber die Uhr steht gleich dort drüben, meine liebe Michèle. Sieh mal!« Yvonne rückte ein paar Weihnachtskarten beiseite, so daß auf dem Wandsims die Uhr auf ihrem konvexen Sockel deutlich zu sehen war: schwarze Zeiger und ein rundes Zifferblatt mit einer krönenden Tiara aus vergoldeten Knäufen und Schnörkeln.

Tatsächlich glich die Uhr der gestohlenen fast wie ein Ei dem andern. Während Michèle noch überlegte, holte Yvonne aus der Küche Zeitungspapier und eine Plastiktüte und wickelte die Uhr sorgfältig ein. Sie drückte sie Michèle in die Hand. »Ein Weihnachtsgeschenk!«

»Aber bei der Sache geht's Charles ums Prinzip. Ich kenne ihn. Und du auch, Yvonne. Wäre die gestohlene Uhr ein Erbstück meiner Familie, dann würde es mir nicht soviel ausmachen, das weiß ich, selbst wenn sie mich mein Leben lang begleitet hätte.«

»Ich weiß, ich weiß.«

»Und es geht darum, daß diese Kinder arm sind – und daß Weihnachten ist. Ich habe sie heraufgebeten, Paul zuerst, da war er ohne seine Schwester unterwegs. Allein ihre strahlenden Gesichter zu sehen, war so wundervoll für mich. Sie waren so dankbar – schon für einen Teller Suppe. Paul hat mir gesagt, sie lebten irgendwo im Keller.«

Yvonne hörte zu, auch wenn ihr Michèle das nun schon zum zweitenmal erzählte. »Stell die Uhr einfach auf den Sims, dort wo die andere stand. Und dann hoffe das Beste.« Dabei lächelte sie zuversichtlich.

Als Michèle mit dem Taxi nach Hause kam, lag Charles im Bett und las. In der Küche packte sie die Uhr aus und stellte sie auf den Sims. Erstaunlich, wie sehr sie der anderen glich! Charles hinter seiner Zeitung sagte, er sei vor einer halben Stunde mit Zeke draußen gewesen. Dann verstummte er, und Michèle versuchte nicht, mit ihm zu reden.

Am nächsten Tag, Heiligabend, entdeckte Charles morgens die neue Uhr auf dem Kaminsims, als er von der Küche ins Wohnzimmer kam. Dort hatten Michèle und er gerade gefrühstückt. Empört wandte Charles sich ihr zu: *»Bon,* Michèle, das reicht jetzt.«

»Yvonne hat sie mir gegeben. Uns, meine ich. Ich dachte – nur für Weihnachten ...« Was genau hatte sie sich gedacht? Wie hatte sie diesen Satz beenden wollen?

»Du verstehst eben nicht«, sagte er bestimmt. »Ich habe der Polizei gestern abend jene Uhr beschrieben. Ich bin aufs Revier gegangen, und ich habe fest vor, das Ding zurückzubekommen! Ich habe ihnen auch einen etwa ›zehnjährigen‹ Jungen und seine Schwester gemeldet, die irgendwo hier im Viertel im Keller wohnen.«

Charles klang, als habe er einem furchteinflößenden Feind den Krieg erklärt. Michèle fand das grotesk. Dann redete Charles, immer noch im Brustton kaum unterdrückten gerechten Zorns, über Unehrlichkeit, Sozialhilfe für verantwortungslose Almosenempfänger, die sie nicht verdienten, ja, sich nicht einmal entsprechend Mühe gaben, über den mangelnden Respekt der Asozialen vor Privateigentum, und allmählich verstand Michèle ihn: Für Charles war es, als sei jemand in seine Burg eingedrungen, als habe seine eigene Frau dem Feind das Tor geöffnet – und als stehe sie auf dessen Seite. Bist du Kommunistin, hätte er sie ebensogut fragen können. Michèle hielt sich nicht für eine Kommunistin, nie und nimmer.

»Ich glaube lediglich, daß die Reichen teilen sollten«, unterbrach sie ihn.

»Seit wann sind wir denn reich? Richtig reich, meine ich?« versetzte Charles. »Ja, ja, ich weiß schon: Deine Familie, die ist wirklich reich, und du bist daran gewöhnt. Das hast du so mitbekommen. Ist nicht dein Fehler.«

Warum um alles in der Welt sollte es ihr Fehler sein, fragte sich Michèle. Dieses Terrain war ihr schon vertrauter: Oft genug hatte sie in Büchern und Zeitungen gelesen, daß in diesem Jahrhundert Reichtum geteilt werden müsse, sonst würde alles noch schlimm enden. »Tja, was diese Kinder betrifft – ich würd's wieder tun«, sagte sie.

Charles' Wangen zitterten vor Empörung: »Die haben uns beleidigt! Das war Diebstahl!«

Das Blut stieg ihr in den Kopf. Sie verließ das Zimmer, genauso wütend wie ihr Mann. Aber sie meinte, nicht ganz falsch zu liegen – mehr als das, sie hatte recht. Sie sollte ihre Gedanken in Worte fassen, sich Argumente zurechtlegen. Ihr Herz raste. Sie sah kurz zur offenen Schlafzimmertür hinüber, wartete darauf, Charles zu sehen, seine

Stimme zu hören, seine Bitte, zurückzukommen. Nichts, Stille.

Charles ging eine halbe Stunde später ins Büro und sagte, er werde wahrscheinlich nicht vor halb vier zurück sein. Zwischen vier und fünf wurden sie im Haus seiner Eltern erwartet. Michèle rief Yvonne an, und während sie redeten, ordneten sich ihre Gedanken, und die wenigen Tränen versiegten.

»Ich finde seine Haltung falsch«, sagte sie.

»Aber das darfst du einem Mann nicht sagen, meine liebe Michèle. Sei vorsichtig.«

Nachmittags gegen vier begann sie ganz taktvoll: Sie fragte Charles, ob ihm das Geschenkpapier des Präsents für seine Mutter gefalle. Das Päckchen enthielt die weiße Tischdecke, die sie Charles gezeigt hatte.

»Ich gehe nicht hin. Ich kann nicht.« Und trotz Michèles Protesten fuhr er fort: »Glaubst du denn, ich könnte meinen Eltern ins Gesicht sagen, daß die Uhr gestohlen worden ist?«

Warum die Uhr überhaupt erwähnen? dachte Michèle. Es sei denn, er wollte ihnen Weihnachten verderben. Sie wußte, daß es aussichtslos war, ihn zum Mitkommen überreden zu wollen, also gab sie gleich auf. »Ich werde gehen. Und die Geschenke nehme ich mit.« Und sie ließ Charles grollend zu Hause zurück, wo er, wie er gesagt hatte, auf einen Anruf der Polizei wartete.

Michèle war beladen mit Geschenken aufgebrochen, Geschenke für Charles wie auch für ihre Eltern. Charles hatte gesagt, er werde gegen acht in der Wohnung ihrer Eltern in Neuilly aufkreuzen. Doch er kam nicht. Micheles Eltern schlugen vor, sie solle ihn anrufen: Vielleicht war er eingeschlafen oder arbeitete und hatte darüber die Zeit vergessen. Aber Michèle rief nicht an. Bei ihren Eltern war alles so heiter und schön – der Weihnachtsbaum, Champagner in Eiskübeln, ihre eigenen schönen Geschenke, darunter ein Reiseregenschirm im Lederfutteral. Charles und die Uhr warfen einen häßlichen, schwarzen, bedrohlichen Schatten auf den goldenen Schimmer des elterlichen Wohnzimmers, und Michèle platzte wiederum mit der ganzen Geschichte heraus.

Ihr Vater lachte leise: »Ich erinnere mich an die Uhr, glaub ich jedenfalls. Nichts Großartiges. Schließlich war sie nicht von Cellini.«

»Aber es geht doch um die Gefühle, Edouard«, sagte Michèles Mutter. »Jammerschade, daß es ausgerechnet zu Weihnachten passieren mußte. Und du warst unvorsichtig, Michèle. Andererseits muß ich dir zustimmen – ja, sie sind bloß kleine Rotzbengel von der Straße. Und die Uhr war eine Versuchung für sie.«

Michèle fühlte sich weiter bestärkt.

»Ist nicht das Ende der Welt«, brummelte Edouard und schenkte Champagner nach.

Am nächsten Tag, dem ersten Weihnachtstag, dachte Michèle an die Worte ihres Vaters. Auch am Tag danach. Das Ende der Welt war es nicht, aber irgend etwas ging zu Ende, Die Polizei hatte die Uhr noch nicht gefunden, doch Charles gab die Hoffnung nicht auf. Er hatte mit den Beamten gesprochen – nicht ohne Nachdruck, versicherte er seiner Frau – und ihnen eine farbige Zeichnung der Uhr übergeben, die er als Vierzehnjähriger angefertigt hatte.

»Natürlich werden die Diebe sie nicht so schnell versetzen«, sagte er zu Michèle, »aber sie werden sie auch nicht in die Seine werfen. Früher oder später wollen sie Geld dafür haben, und dann kriegen wir sie.«

»Ehrlich gesagt, finde ich deine Einstellung unchristlich, ja, sogar grausam«, sagte sie.

»Und deine find ich – dämlich.«

Das Ende der Welt war es nicht, aber das ihrer Ehe. Danach konnten keine Worte, keine Küsse und Umarmungen, wenn es sie denn gab, Michèle für die Worte ihres Mannes entschädigen. Und was genauso wichtig war: Sie spürte im Fühlen und Denken ihres Mannes eine tiefe Abneigung, einen wirklichen Widerwillen gegen sie. Und sie selbst? Empfand sie nicht ähnlich für ihn? Charles hatte das verloren, was Michèle für Menschlichkeit hielt – wenn er es je besessen hatte. Als Kind armer, unterprivilegierter Eltern hätte er mehr Mitleid haben sollen als sie, fand Michèle. Was war richtig? Was falsch? Sie war verwirrt, so wie manchmal, wenn sie über die Verse eines Weihnachtsliedes oder Gedichtes nachdachte, Verse, die ganz unterschiedlich interpretiert werden konnten – und doch suchte und fand das Herz, oder das Gefühl, anscheinend immer seinen eigenen Weg, so wie ihr eigenes Herz, Und war das nicht auch richtig so? War es nicht richtig zu vergeben, zumal in dieser Jahreszeit?

Ihrer beider Freunde und Eltern rieten zur Geduld. Sie sollten sich für ein, zwei Wochen trennen; Weihnachten mache die Menschen immer nervös; Michèle könne solange zu Yvonne und Bernard ziehen – was sie auch tat. Danach könnten Charles und sie noch einmal reden. Was sie auch taten. Doch eigentlich hatte sich nichts geändert, gar nichts.

Vier Monate später waren Charles und Michèle geschieden. Und die Uhr wurde nie gefunden.

Joseph Viktor Widmann
Öhmchens Weihnachtsbaum

Es war kurz vor Weihnachten; Frau Hermine Öhmchen, ein rosiges Weibchen, seit vier Jahren verheiratet, erwartete ihren Gatten, der die Teestunde nicht leicht versäumte; sie saß beim Schein der Lampe am gedeckten Tisch, mit einer Stikkerei beschäftigt. Die beiden Kleinen hatten ihr Abendbrot längst bekommen; sie mußten früh zu Bett und waren schon eingeschlafen. Schlag halb acht Uhr erschien Öhmchen. Aber mit verdrießlichem Gesicht trat er in die Stube und warf seine Bücher unsanft auf einen Nebentisch. Erstaunt blickte Hermine auf. »Was ist dir über den Weg gelaufen, Karl?« fragte sie den Gatten, der sich, wie erschöpft, ihr gegenüber in einen Lehnstuhl fallen ließ.

»Ach!« jammerte Öhmchen; »meine Schüler; verdammte Jungen! Treiben jeden Schabernack in der Stunde, während ich ihnen den Livius einpauke. Benützen meine Kurzsichtigkeit, um in aller Stille auf den hintern Bänken Karten zu spielen; haben sogar die Tintenfässer ausgespült und dafür Malaga hineingegossen, den sie während der Stunde einander zutrinken. Natürlich mußte mir die ganze Klasse bis sieben Uhr sitzen, als ich's entdeckte; ich aber saß mit ihnen! Diese Rangen …«

»Laß sie«, ermunterte Frau Öhmchen ihren Mann, »du warst, wie du mir oft erzählt hast, in deiner Jugend gerade so einer. Aber nun gib mir deine Tasse und denke nicht mehr an die Schule.«

Öhmchens Stirn glättete sich aus Gefälligkeit für seine

Frau; aber der Ärger saß tief. Nachdem die Ehegatten ihr Abendessen beendigt hatten, kam daher der Konrektor immer wieder auf die bösen Schuljungen zu sprechen, bis seine Frau zuletzt ausrief: »Lieber Mann, laß uns doch lieber von unsern eigenen Jungen, die da drüben so friedlich schlummern, ein Wörtchen sprechen! In vier Tagen ist Weihnacht; wir haben noch keinen Tannenbaum bestellt. Nun steht die Bude des alten Moppliger, der schon meinen Eltern die Weihnachtsbäume geliefert, an deinem täglichen Schulweg. Wie wäre es, wenn du morgen einen Baum besorgtest, so was recht Schönes, einen großen Baum, der vom Boden bis fast an die Decke reicht, so was zu drei bis vier Franken?«
»Was?« fuhr Öhmchen auf. »Drei bis vier Franken für den Weihnachtsbaum zahlen?«

»Was hast du dagegen?« fragte seine Gattin erstaunt. Sie hatte an ihrem Gemahl niemals die kleinste Anwandlung von Geiz bemerkt, oft sogar die Anlage zur Sparsamkeit an ihm vermißt; übrigens waren sie wohlhabende Leute, die über derartige Auslagen sonst nie ein Wort verloren.

Aber in Öhmchens Herzen saß der Groll über seine Lateinschüler und regte den friedlichen Mann zu ungewohnter Heftigkeit auf; eine unglücklicherweise in diesem Moment sich seinem Geiste vorstellende Idee nahm alsobald von ihm Besitz, und er rief: »Was ich dagegen habe, fragst du? Nun! Einfach, daß ich nicht einsehe, warum man kaufen soll, was man selbst schaffen kann.«

»Du kannst doch keine Bäume schaffen wie der liebe Gott am vierten Schöpfungstag«, antwortete lächelnd Hermine.

»Aber holen kann ich sie im Wald, selbst schneiden oder fällen, wie ich will«, erwiderte der Konrektor.

»Ich glaubte, das sei verboten«, war Herminens richtige Antwort.

Aber da gerade hatte ihr Gatte sie erwartet, um in einer prächtigen Phrase seinem innern Groll Luft zu machen.

»So?« rief er. »Verboten. In der Tat! Es gibt derartige die Urrechte des Menschen verkümmernde Satzungen. Aber, liebes Weib! Wir leben in einer großen Zeit, deren Flügelschlag du über deinem Haupte spürst ...«

Hermine sah empor und wollte schon sagen, sie spüre nichts, als der Konrektor über die Brille weg sie zürnend anblitzte und fortfuhr: »Metaphorisch gesprochen, Hermine! Natürlich metaphorisch! Ich meine nicht, daß du den Flügelschlag spürst in physischer Sinnlichkeit ...«

»Bitte! Laß solche Ausdrücke«, bemerkte Hermine errötend.

»Also, in Gottes Namen, unbildlich!« rief der Konrektor und sprach weiter: »Der Wald gehört wie Luft und Licht zu den unveräußerlichen Lebensgütern, auf die der Mensch nach dem Naturrecht urewigen Anspruch hat. Mögen sinnlose Faselhanse wie unsere modernen Gesetzgeber ein solches Naturrecht beschränken – es bleibt doch in Bestand. Und den will ich sehen, der einen Vater zu hindern wagt, für seine Erzeugten zum Weihnachtsfest einen Tannenbaum aus dem Wald zu holen.«

»Aber Männchen ...«

»Nichts da! Hermine! Hier handelt es sich um ein Prinzip.«

»Das sagst du allemal, wenn du dir etwas in den Kopf gesetzt hast.«

»Hermine! Und wenn ich, wie Schiller sagt, mein gutes

Recht oben von den Sternen herablangen müßte, ich könnte nicht anders. Morgen nachmittag ist keine Schule; da werde ich dem nächsten Forste zuschreiten zur Ausübung meines Naturrechts.«

Bei diesem Beschluß blieb's; die seufzende Hermine wußte ja schon, daß sie mit Widerspruch nichts ausgerichtet hätte. Unter diesem Eindruck verfloß ihr aber der Abend nicht besonders angenehm. Still legte sie ein Buch vor sich hin, in das sie während der Arbeit zerstreut blickte. Der Konrektor aber entwarf sich für seine Ausübung des Naturrechtes einen wahren Schlachtplan. Erste Frage: Welcher Wald? Um die Stadt herum stehen nur große Waldesriesen zum Schmuck der Promenaden. Man sollte wirklich eine Karte der weiteren Umgebungen der Stadt besitzen. Ins Notizbuch einschreiben: Morgen früh Karte in der Buchhandlung kaufen. Übrigens erinnerte sich Öhmchen, daß gleich hinter der ersten Eisenbahnstation gegen Norden vor der Stadt ein bedeutender Wald – das Schwarze Holz – sich ausdehnte. Nachsehen, wann der Eisenbahnzug abgeht. Kein Eisenbahnbüchlein im Hause? Nein. Zweite Notiz: Eisenbahnbegleiter in der Buchhandlung kaufen. Jetzt entsteht die Frage: Womit fällt man den Baum? Messer? Beil? Säge? Vermutlich Säge. Keine im Hause. Morgen in der Eisenhandlung eine anschaffen; man braucht so was immer; am besten gleich ein ganzes Werkzeugkistchen anschaffen. Dritte Frage: Was für ein Anzug? Die schwarzen Kleider würden von dem fetten Fichtenholz – siehe Hallers »Alpen«: »Wo fetter Fichtendampf die dürren Balken schwärzt« – klebrig werden und ganz zugrunde gehen. Aber ein graues Überhemd? Hm! macht unkenntlich; ungeheuer romantisch. Notiz: Morgen früh eines anschaffen bei Naphtali, wenn er so was hat. Wird's wohl haben; hat alles. Dazu ginge gut eine kurze Forstmannspfeife – nein! nicht Forstmannspfeife; »Forstmann« ist eine unangenehme Vorstellung, wenn man in den Wald geht zur Ausübung eines Naturrechts. Sagen wir einfach kurze waidmännische Holzpfeife. Furchtbar gemütlich; holländischen Knaster, Oldenkott daraus rauchen. Notiz: Beides morgen früh anschaffen. Ganz Wilddieb! Hm! Dieb, Wald, Raubmordfälle. Waffe könnte nicht schaden. Hirschfänger?

Nein, kommt einem beim Gehen zwischen die Beine. Aber beim Trödler prangt in der Auslage eine große Reiterpistole, Feuersteinschloß; interessant; hat andern Charakter als diese neuen Revolver, die ein ordentlicher Lateinprofessor nicht begreift. Karl Moor hatte eine solche Pistole im Gürtel stecken. Muß doch einmal diese Schillerschen Sachen wieder lesen. Hermine liest ohnehin. Ah! Da sind die Bände; aufs Geratewohl etwas aufschlagen: »Der Verbrecher aus verlorener Ehre«. Auch gut. Lesen wir das.

So ungefähr folgten sich die Gedanken in Öhmchens Kopf, bis das Lesen in Schillers bekannter Erzählung ihn ganz in Anspruch nahm.

Zwischen der Lektüre sah er einmal auf und sprach zu Hermine in sanftem Ton: »Was meinst du, Kind, wenn du das Spirituslämpchen anzündetest unter dem Wasserkessel? Ich möchte nicht ungern ein Glas Grog trinken.«

»Ist es dir nicht zu spät?« wandte Hermine schüchtern ein, setzte aber zugleich das Lämpchen in Brand und holte Rumflasche, Zuckerbüchse, einen silbernen Becher, das Geschenk anhänglicher Schüler, und sonstiges kleines Zubehör, bei alledem innerlich erstaunt über dieses seltene Gelüste ihres

Mannes. Öhmchen war aber schon so ganz Waldmensch geworden, daß ihm in seiner lebhaften Einbildungskraft fast vorkam, er sei den ganzen Tag im feuchten Moor herumgewandert und brauche etwas gehörig Erwärmendes; unter allen Umständen mußte seiner Meinung nach so ein heißer Grog für die Unternehmung des folgenden Tages prophylaktisch wirken. Demgemäß tat er reichlich Rum in den Becher und schlürfte, immer nachgießend, manchen guten Zug des angenehmen Getränks, von dem er Herminen vergeblich anbot; Frauen nehmen in solchen Fällen aus Prinzip nichts. Unterdessen war die Stunde des Zubettgehens gekommen, der Grog hatte Öhmchen schläfrig und etwas schwerfällig gemacht. Bald herrschte tiefe Stille im Haus; die Lichter waren gelöscht, und Schlaf deckte alle Bewohner.

Die Phantasie hält sich nur bei denjenigen Begebenheiten auf, an denen das Gemüt den vollsten Anteil nimmt, und überspringt oft lange Zeitabschnitte, wenn dieselben ohne hervorragende Merkmale wie graues endloses Papier sich dehnen. So ging es Öhmchen. Der nächste Vormittag mit den gewöhnlichen Schulstunden ging ihm unbemerkt vorüber. Er konnte sich auch nicht mehr besinnen, wie er sich von Hermine verabschiedet hatte. Er ward seiner sozusagen erst bewußt, als er sich aussteigend auf der Eisenbahnstation »Zum Schwarzen Holz« befand. Die bewußten Gegenstände hatte er alle bei sich, das Werkzeugkistchen in der Linken, Landkarte und Eisenbahnbüchlein in einer Rocktasche, unter die Weste geknöpft die unbequeme Pistole, die Holzpfeife im Mund – sie wollte aber nicht brennen – und das graue Überhemd unterm rechten Arm in einem Paket. Ohne sich um den auf der Station noch wartenden Zug weiter zu bekümmern, schritt Öhmchen dem winterlichen Walde zu, erpicht, sein »Naturrecht« auszuüben, zugleich aber etwas ärgerlich, daß die Pfeife nicht brennen wollte. Dreimal stellte er sein Werkzeugkistchen mitten auf den Weg und holte die schwedische Schachtel hervor, deren Zündhölzchen ganz prächtig flammten, da es windstill war. Aber sobald er an der Pfeife zog – wobei er deutlich spürte, daß sie Luft hatte –, ging sie ihm immer auf unerklärliche Weise aus, und er bekam keine Ahnung von dem Oldenkott, auf den der mit Nerven begabte Kamin seines Gaumens so lüstern war.

Etwas verdrießlich hierüber, gelangte er nun vom äußern Waldsaum in den eigentlichen Wald. Niemand begegnete ihm; er warf also rasch das graue Überhemd über seine Tuchkleidung und wanderte nach einem abermals vergeblichen Versuch mit der Pfeife trotzig weiter, immer tiefer in den Forst. Endlich stand er auf einer Hügelwelle mitten im Wald; große und kleine Tannen umgaben ihn, und bald fiel sein Auge auf einen zum Weihnachtsbaum wohlgeeigneten Nadelholzwildling. Rasch machte er sich an die Arbeit, holte die funkelnde neue Handsäge aus dem Kistchen und begann kräftig zu sägen. Merkwürdigerweise kostete ihn das Sägen gar keine Mühe; dagegen machte es einen erstaunlichen, den ganzen Wald erfüllenden Lärm und wollte nie ein Ende nehmen. Nach seiner Berechnung hätte er schon die dickste Tanne durchsägen können in der Zeit, die er mit der Arbeit zubrachte. Indessen, da die Arbeit ihn durchaus nicht ermüdete, fuhr er wohlgemut fort, und der Lärm der Sägetöne, ähnlich dem Schnarchen des schlafenden Polyphem, dauerte fort. Auf einmal bekam er einen leichten Stoß an die Schulter. Verwundert sah er auf und bemerkte anfänglich niemand in der Nähe; als sich aber der Stoß wiederholte, sah er zu seinem Erstaunen, daß ein Dachshund neben ihm stand, ihn bei der Arbeit anglotzte und öfters mit der Schnauze stieß. Eigentlich kam es Öhmchen vor, es sei der Dachs eines Nachbars. In der Vorstadt, wo Öhmchen wohnte, war nämlich der Dachs damals das klassische Tier; jeder Hausbesitzer hielt mindestens einen rotgelben Dachshund, viele aber hatten deren zwei, drei, vier. Denn da diese Hunde auch in weiblichen Exemplaren vorhanden waren, trat alljährlich eine beträchtliche Vermehrung der Dachskolonie ein; überall in den Häusern baten alsdann weichherzige, meist blondhaarige Gemüter, man möchte die netten Hündchen nicht ersäufen; dieser und jener Nachbar nehme gewiß eines an Kindes Statt an. Da irgendein vornehmer Herr der erste Dachshundbesitzer gewesen, galt der Dachs als irgendeine Art aristokratischer Auszeichnung in jenem Stadtteil, und niemand wies trotz hoher Hundesteuer das bellende Geschenk zurück. Einer dieser Dachshunde stand jetzt vor Öhmchen; aber vielleicht war es keiner von diesen zur wohlhabenden, obschon arbeitslosen Klasse gehörenden Bourgeois des Hundegeschlechts; vielleicht gehörte er einem den Wald durchstreifenden Jäger, einem Forstmann an? Aber nein! Als Öhmchen, einen Augenblick sich aufrichtend, um sich blickte, rückte richtig das vereinte Dachsvolk seines Quartiers wie Soldaten, die in der sogenannten Jägerkette gegen den Feind vorgehen, in langer Linie hinter den Bäumen an und kam, übrigens lautlos, unheimlich, auf ihn zu. Sie umringten ihn, sie schnappten nach ihm. Daß er ihre Adresse kannte, sie bei den stolzen Titeln ihrer vornehmen

Eigentümer, bei den schmelzenden Frauennamen ihrer schönen Herrinnen rief, nützte gar nichts. Sie waren so wütend über ihn, daß er endlich aus dem Werkzeugkistchen ein Beil hervorholte und nun, blind dreinhauend, ein, wie ihm vorkam, furchtbares Blutbad unter den Hunden anrichtete.

Plötzlich donnerte ihn eine Stimme an: »Was machen Sie hier? Ich verhafte Sie!« und der Förster stand vor Öhmchen. Es war ein großer Mann in grauer Jagdjoppe; aber er hatte die maliziösen Züge eines persönlichen Feindes des Konrektors. Es war ganz die Physiognomie des Professor Hohlnuß, mit dem er sich über einer Stelle im Livius tödlich entzweit hatte. Boshaft grinste ihn der Förster an. »Sie treiben Holzfrevel, Herr Öhmchen?« näselte er mit dem verhaßten Stimmorgan des philologischen Gegners.

Im ersten Augenblick, als Öhmchen noch geglaubt, er habe den echten Förster sich gegenüberstehen, war kalter Schreck in seine Glieder gefahren, und sein »unveräußerliches Naturrecht« war ihm sehr veräußerlich vorgekommen. Als er aber jetzt eine ihm zwar rätselhafte, aber mit teuflischer Berechnung durchgeführte Hinterlist seines Feindes zu erkennen glaubte und der vermeintliche Förster aufs neue Hand an ihn legte, da war er seiner nicht mächtig. Zornglühend riß er die Pistole aus seiner Weste, das Pulver der Pfanne blitzte auf, ein Schuß dröhnte, und – der Förster wälzte sich in seinem Blute, während Öhmchen, erstarrt über die grauenvolle Wirkung seines Jähzorns und jammernd, ebenfalls zu Boden sank.

Jemand schüttelte ihn jetzt, und eine Stimme, die nur die Stimme Hermines sein konnte, sprach zu ihm: »Männchen, was jammerst du so? Was schreist du?«

»Ich habe einem Menschen das Leben geraubt«, antwortete Öhmchen kraftlos.

»Das tut man sonst im Bett nicht«, sprach dieselbe freundliche zarte Stimme mit einem Anflug von Lustigkeit, der ihr den Zwitscherton eines muntern Vogels verlieh. Zugleich beugte sich Hermine über den noch immer nicht recht zum Bewußtsein gelangten Öhmchen, schob den einen ihrer jugendlichen Arme unter seinen Nacken und nötigte so den Mann, mit dem Kopf eine etwas höhere Lage auf dem Kissen einzunehmen. »Öhmchen!« sagte sie, »was hast du nur geträumt? Erst schnarchtest du entsetzlich wie eine Sägemühle; ich hab' dich mehrmals gezupft.«

»Der Dachs!« dachte Öhmchen aufatmend.

»Dann machst du ein Höllengepolter mit den Füßen an der Bettwand, wirfst die metallene Wärmflasche auf den Boden und, verzeihe mir, brüllst wie ein am Opferaltar getroffener Stier!«

»Das Bild ist homerisch«, sagte der sich erholende Öhmchen. »Von Agamemnon wird es gebraucht. Übrigens habe ich einfach dumm geträumt.«

»Das macht das späte Grogtrinken«, sagte lächelnd Hermine. »Wahrscheinlich«, antwortete Öhmchen. Hierauf sagten beide eine Zeitlang nichts.

Später einmal flüsterte Öhmchen seiner Frau ins Ohr: »Jetzt sag mir einmal genau, wo dein Moppliger seinen Christbaumstand hat.«

Sie sagte es ihm genau. Darauf schliefen sie wieder ein, Öhmchen noch ganz müde vom »unveräußerlichen Naturrecht« und den damit verbundenen Gemütsbewegungen. Ein traumloser Schlaf stellte ihn wieder her.

Daß er am nächsten Morgen die bewußten Gegenstände ungekauft ließ, könnten nötigenfalls Buchhandlung, Eisenwarengeschäft und so weiter bezeugen.

Am Weihnachtsabend leuchtete ein auf gewöhnlichem Weg erworbener Weihnachtsbaum im Hause des Konrektors. Unter demselben lag, damit die Lateinschüler nicht mehr unbemerkt in seinen Stunden Karten spielen möchten, neben andern Geschenken eine schärfere Brille. Und erst unterm Baum gestand Öhmchen seiner Frau den ganzen Verlauf des verzwickten Traumes. Zu ihren Füßen spielten indessen die beiden Kleinen, zu ihren Füßen lag aber auch mit blauem Halsband – ein roter Dachshund, den vor einer Stunde ein freundlicher Nachbar dem Konrektor als Weihnachtsgeschenk hatte zuführen lassen.

Bettina Goldner

Sternenstaub

Ein Wintermärchen

Zwischen den Säulen des Monopteros trat Kristin hinaus in den knirschenden Schnee. Hier oben blies ein eisiger Wind. Sie stopfte die Enden ihres Strickschals in den Anorak, zog die Mütze fest über die Ohren und blinzelte in den rotgoldenen Abendhimmel. Am Horizont, hinter der Theatinerkirche, schwebten Scharen duftiger Wölkchen wie Eischaum auf Himbeersauce. Doch das Feuer verglomm im Nu; die Silhouette der Stadt verfärbte sich grau-schwarz. Das weite Schneefeld vom Tempelchen bis hinunter zu den hohen Bäumen hatte gerade noch blau und silbern gefunkelt; jetzt verfiel es in einen schmutzigweißen Ton.

Kristin warf einen letzten Blick auf die Türme der Stadt, dann schulterte sie ihren Rucksack und sprang den Hang hinunter. Der Schnee war hartgefroren und krachte unter jedem Schritt. Unten hatten ihn während des sonnigen Wintertags tausende Stiefel zertreten. Jetzt waren nur noch wenige Menschen unterwegs; grotesk glitten ihre Schatten über die holprige Schneeschicht. Mit weit ausholenden Schritten lief Kristin an einem Kind vorbei, das in dicken Decken auf seinem Schlitten thronte. »Guck mal, Papi, da rennt der Kasperl!« rief die Kleine erstaunt ihrem Vater zu. Kristin sah sich vor ihrem geistigen Auge: ihre lange, dünne Gestalt und die rote Zipfelmütze mit dem fliegenden Bommel. Sie lächelte bei dem Gedanken, aus einem Kasperltheater entwichen zu sein. Das Weihnachtsfest zu Hause in Schweden mit der neurotischen Verwandtschaft unter dem Julbaum lag erst zwei Wochen zurück und hatte tatsächlich etwas von einem Kasperltheater gehabt.

Kristin bog in einen Weg ein. Der Rucksack drückte ihr plötzlich schwer auf die Schultern; sie verlangsamte ihren Schritt.

Durch die alten Kronen des Englischen Gartens fiel kaum noch Licht, und Kristin begann zu zweifeln, ob ihre Richtung stimmte. Doch da zeichnete sich, gleich einem exotischen Christbaum, der Chinesische Turm vor ihr ab. Mit seinem Besatz aus Schnee auf allen Etagen wirkte er zerbrechlich, wie aus dem Baukasten einer Prinzessin.

Kristin dachte sechs Monate zurück. An einem strahlenden Sommertag hatte sie mit Inga und Florian hier gesessen, der Chinesische Turm war ihr weit weniger fremdartig erschienen als heute, sie hatten Bier getrunken und dazu Brezen und Rettich gegessen. »Radi« sagte Florian zum Rettich und »a Maß« zum Bier. Eine Blaskapelle in Lederhosen spielte bayerische Musik im ersten Stock des Turms, und die vielen Gäste lachten und lärmten. Am nächsten Tag flog Kristin mit Inga nach Stockholm zurück und sehnte sich seither nach dem sonnigen Bayern. Auch nach Florian, den sie an der Isar kennengelernt hatten, mit dem sie an einem heißen Tag in den Alpen geklettert waren und der ihnen in seiner Schwabinger Wohngemeinschaft Spaghetti serviert hatte. Kristin schrieb Florian E-Mails, die er meistens beantwortete und in denen er auch erwähnte, er würde sich freuen, sie wiederzusehen.

Nun war Kristin gekommen, allein, denn Inga hatte sich inzwischen in einen Lars verliebt. Einen halben Tag lang hatte sich Kristin in München umgeschaut; um sechs wollte sie bei Florian sein, der erst dann von der Arbeit zurück sein würde – noch gut eine Stunde Zeit also. Zu Hause in Schweden, dachte Kristin, war es jetzt schon seit zwei Stunden dunkel. Kein Wunder, daß viele trübsinnig wurden, und kein Wunder, daß alle, die es sich leisten konnten, in Richtung Süden abhauten, auf der Suche nach Sonne und Wärme.

Auch hier war es dunkel geworden; nur vereinzelte Laternen gaben schneeverhangenes Licht. Aber Kristin kannte sich wieder aus. Geradeaus durch den Park und später links. Auf einer kleinen Brücke setzte sie den Rucksack ab und spähte zu den Enten hinunter, die sich am Bachufer aneinanderplusterten. Ein großer hagerer Mann lehnte über dem Eisengeländer auf der anderen Seite. Als Kristin ihren Rucksack wieder aufnahm, drehte er sich zu ihr um, und das fahle Laternenlicht streifte sein schmales Gesicht. Er hatte die dicke Mütze weit in die Stirn gezogen, aber Kristin glaubte, seine tiefliegenden hellen Augen und die große gebogene Nase schon einmal gesehen zu haben.

Auch der Mann blickte Kristin überrascht an. »Wir sind uns heute schon einmal begegnet«, sagte er verwundert. Kristin wußte plötzlich, wo. »In der Pinakothek«, sagte sie, »vor dem Bild mit der Flucht nach Ägypten unter dem Sternenhimmel. Sie standen mit vielen anderen Leuten davor, und ich saß auf der Bank.« Der Mann schien sich zu erinnern. Er lächelte verlegen; offenbar fiel ihm ein, daß er Kristin die Sicht auf das Gemälde versperrt hatte. Er hatte sich verwirrt entschuldigt und war zur Seite getreten; aber er hatte das Kunstwerk noch lange betrachtet.

»Ihnen hat das Bild auch gefallen?« fragte er jetzt und redete, ohne Kristins Antwort abzuwarten, mit funkelnden Augen weiter: »Ist Ihnen bewußt, daß dieser Maler Anfang des 17. Jahrhunderts eintausendundzweihundert Sterne der Milchstraße verewigt hat? Er muß eines der ersten Teleskope benutzt haben. Die Nacht über seiner Welt war so dunkel, daß er die Himmelskörper mit dem Fernrohr wirklich beobachten konnte! Und er hat sie so korrekt wiedergegeben, daß wir heute exakt berechnen können, in welcher Nacht er das Bild gemalt hat. In unserer sogenannten zivilisierten Welt ist diese Astronomie nicht mehr möglich, mit all den Leuchtreklamen, all den Neonröhren ...« Er unterbrach sich, denn Kristin sah ihn fragend an.

»Entschuldigung«, sagte er, »wissen Sie, ich ... ich bin so eine Art Sterngucker, hobbymäßig, versteht sich. Melchior. Jonathan Melchior, mein Name.« Er verbeugte sich, stellte seine Aktentasche ab und drückte Kristins Hand. »Darf ich fragen, was Sie zu diesem Bild geführt hat?«

Wieder kam Kristin nicht zum Antworten, denn ein Hund lenkte die Aufmerksamkeit der beiden Spaziergänger auf sich. »Wo kommst denn du her?« fragte Kristin, als er an ihren Stiefeln schnupperte. Während sie über sein glänzendes schwarzes Fell strich, schaute sie sich nach einem Besitzer des Tieres um. Der Hund schnüffelte nun auch Jonathan Melchior ab, lief ein Stück weiter, kehrte zurück, blickte durch das Brückengeländer zu den Enten, die sich nicht stören ließen, und trabte dann wieder im Kreis um Kristin und den Hobby-Astronomen.

Kristin sah auf die Uhr. »Ich muß in diese Richtung«, sagte sie und deutete nach vorn. »Darf ich Sie ein Stück begleiten?« fragte Herr Melchior und griff seine Aktentasche. Während sie rasch weitergingen, erklärte ihm Kristin, daß sie aus Schweden komme (ihr Begleiter nickte, er hatte das offenbar an ihrem Akzent gemerkt), wo sie Kunstgeschichte studiere, und daß sie sich in München viele Gemäldesammlungen ansehen wolle. Das Bild in der Pinakothek habe ihr wegen der romantischen Stimmung gefallen. »Von der Sache mit den Sternen wußte ich gar nichts, das ist aber sehr interessant«, fügte sie hinzu. »Der Maler hat das Motiv der Flucht nach Ägypten also anscheinend nur gewählt, um seine astronomischen Kenntnisse ...«

Sie hielt inne, denn sie merkte plötzlich, daß der Hund immer noch hinter ihnen herlief. »Wo ist denn dein Herrchen oder dein Frauchen?« rief sie und drehte sich zu ihm um. Der Hund beantwortete die Frage, indem er sanft seine Vorderpfote auf ihren Arm stellte. So war er gerade groß genug, um ihr mit der Schnauze ans Ohr zu fahren. Jonathan Melchior lachte. »Sie mögen Hunde, also sind Sie ein netter Mensch!« Kristin wehrte ab. »Hunde mag ich schon, aber ob ich ein netter Mensch bin, ist sehr fragwürdig.« – »Fraglich«, korrigierte Herr Melchior, »aber sonst ist Ihr Deutsch wunderbar.« – »Ihre Komplimente sind fragwürdig«, konterte Kristin, und beide lachten.

Sie waren aus dem Englischen Garten herausgetreten und überquerten einen von noblen Jugendstil-Wohnhäusern gesäumten Platz. Im Schein der Straßenlaternen wurde ihnen bewußt, daß es zu schneien begonnen hatte. Der Hund trabte nun zwischen ihnen, schaute mal zum einen, mal zum anderen und wedelte mit seinem buschigen Schwanz. »Er trägt einen Anhänger an seinem Halsband«, stellte Kristin fest. Doch auf der Marke stand nur »München« sowie eine Nummer. »Vielleicht sollten wir ... bei der Polizei ...?«

Herr Melchior wehrte überraschend heftig ab. »Balthasar kommt mit uns, wenn er nichts Besseres vorhat.«

»Balthasar?« fragte Kristin.

»Habe ich Balthasar gesagt?« Ihr Begleiter schien die Frage an sich selbst zu richten und beantwortete sie halblaut: »Vielleicht erinnert er mich an den Mohren in der Weihnachtsgeschichte.«

»Weil morgen Drei-Königs-Tag ist?« forschte Kristin.

»Das war mir nicht bewußt«, gestand Herr Melchior. »Eher weil er hungrig aussieht und etwas sucht.«

»Weil er etwas sucht?« Kristin war erstaunt.

»Zum Fressen, denke ich. Nahrung für den Bauch, so wie die drei Weisen Nahrung für ihren Geist suchten. Vielleicht auch für ihre Seelen.« Herr Melchior machte eine Pause, dann sagte er: »Ich zum Beispiel suche nach Erklärungen für unsere Existenz.« Er räusperte sich und fuhr fort, jedes Wort betonend: »Jedes einzelne Atom des menschlichen Körpers hat schon in durchschnittlich vier Sternen seinen Dienst getan. Am Ende ihrer Brennzeit zerfallen die Sterne zu Staub. Jedes Atom ist Teil eines Kreislaufs, bei dem sich kosmischer Staub verdichtet.«

Sie überquerten die matschige Straße. Balthasar trottete hinter ihnen her.

»Das heißt also ...«, nahm Kristin die Unterhaltung wieder auf, »das heißt, wir sind Sternenstaub?«

»Genau so ist es! Niemand kann es sich wirklich vorstellen. Aber es muß Antworten geben, metaphysische sozusagen.«

»Und die suchen Sie – zum Beispiel in alten Bildern?«

Herr Melchior lächelte und nickte. Eine Weile gingen sie schweigend, dann sah er sie scharf an: »Und Sie, suchen Sie nicht auch irgend etwas?«

Kristin dachte an Hoffnungen und enttäuschte Erwartungen. Sie blieb die Antwort schuldig.

In der Leopoldstraße waren die Schaufenster hell erleuchtet. Menschen unter Schirmen hasteten von einem Laden in den nächsten. Als sie an einer Ampel warten mußten, deutete Herr Melchior zum Himmel. »Keine Sterne über den Städten, sehen Sie selbst! Nicht einmal der Mond läßt sich blicken. Wir überstrahlen den Himmel. Viele nachtaktive Tiere verlieren die Orientierung, weil sie andere Lichter für den Mond halten, wußten Sie das?«

»Vielleicht ist auch Balthasar nachtaktiv und hat sich verlaufen, weil er den Mond nicht mehr sah«, warf Kristin scherzhaft ein und strich dem Hund über den Rücken. Ihr Begleiter überhörte die Ironie. »Ein kluges Tier«, sagte er nur. »Und Sie sind eine hübsche junge Frau.«

In der schmalen Straße, in der Florian wohnte, drängten sich die Menschen auf den Gehsteigen, und auf der Fahrbahn staute sich der Verkehr. Eine Sirene heulte. In der Mitte der Straße versperrten zwei Polizeiautos den Weg. Blaulicht kreiste über die Häuserfronten. Kristin blickte an einem der wenigen alten Gebäude hoch, das noch nicht renoviert war. Im dritten Stock brannte Licht. Sie überlegte, wie sie Herrn Melchior erklären sollte, daß sie an ihrem Ziel angekommen war. Doch der hatte bereits seine Tasche abgesetzt und entnahm ihr ein rechteckiges Paket, das er Kristin zum Abschied entgegenhielt. »Versprechen Sie, daß Sie es erst auspacken, wenn Sie in Ihre Heimat zurückgekehrt sind!« forderte er sie auf.

Kristin zögerte. »Wie kommen Sie dazu ... wie komme ich dazu ...?« stammelte sie verwirrt, aber da hielt sie den flachen, in Packpapier geschlagenen Gegenstand schon in Händen. »Sie werden sich darüber freuen«, sagte Herr Melchior mit einer Miene, die keinen Widerspruch zuließ, und schickte sich an zu gehen.

»Und was machen wir mit dem Hund?« rief Kristin. Ihr Blick fiel auf einen Polizisten, der gelangweilt herumstand. Kurzerhand sprach sie ihn an. Sie deutete auf das Tier und fing an zu erklären, wie es ihnen gefolgt war und daß sie nicht wüßten, wohin es gehöre. Aber da mischte sich Herr Melchior noch einmal ein. »Balthasar gehört mir«, sagte er und faßte den Hund am Halsband. Mit diesen Worten verschwanden die beiden in der Menschenmenge, bevor Kristin wußte, wie ihr geschah.

Das Treppenhaus war düster. Kristin klopfte den Schneematsch von Hosenbeinen und Stiefeln. Langsam stieg sie die ausgetretenen Stufen in den dritten Stock hinauf. Ein junger Mann öffnete ihr. Nein, Florian sei noch nicht da, sagte er, aber er werde wohl bald heimkommen. Sie könne sich inzwischen in die Wohnküche setzen. Kristin stellte ihren Rucksack in die Diele und Herrn Melchiors Geschenk daneben. Aus der Küche erklang Radiomusik. Ein Mädchen ihres Alters hantierte am Herd. Sie bot Kristin Tee an und verschwand in einem Zimmer. Kristin legte die Hände um den wärmenden Becher und trank gierig ein paar Schlukke.

Im Radio kamen die 18-Uhr-Nachrichten. Von einem Tief über Süddeutschland war die Rede, vom traditionellen Dreikönigstreffen irgendwelcher Politiker und von einem neuerlichen Kunstraub. Kristin setzte den Becher ab. Unwillkürlich lauschte sie genauer. »Zum dritten Mal innerhalb eines Jahres wurde aus einer Münchner Sammlung ein bedeutendes Kunstwerk entwendet«, sagte der Sprecher. »Es handelt sich um ein kleines Bild von Adam Elsheimer, einem Maler aus dem beginnenden 17. Jahrhundert, der vor allem durch sein Gemälde ›Flucht nach Ägypten‹ berühmt wurde. Ein kleines, aber ebenfalls wertvolles anderes Werk dieses Meisters wurde heute nachmittag aus der Alten Pinakothek gestohlen.«

Kristins Herz klopfte schneller, sie drehte sich um zum Fenstersims, wo das Radio stand. Ein Reporter berichtete jetzt vom Tatort. Das kleinformatige Bild sei offenbar entwendet worden, sagte er, als sich die Besucher um das bekanntere Werk des Meisters im Nachbarraum scharten. Wie es dem Täter gelang, unbemerkt zu entkommen, sei der Museumsleitung ein Rätsel. Die Polizei vermute, daß dieser Kunstraub, sowie zwei weitere aus der jüngsten Vergangenheit, von ein und derselben Person bewerkstelligt wurden: Nicht nur sei der Täter jedesmal in der gleichen Weise vorgegangen, sondern er habe auch stets eine Vorliebe für romantische Bildmotive gezeigt – nächtliche Szenen mit Mondlicht und einem weiten Sternenhimmel. »Sachdienliche Hinweise«, schloß der Reporter, »nimmt jede Polizeidienststelle entgegen.«

Kurz darauf kam Florian. Er umarmte Kristin und kochte Spaghetti mit Tomatensauce, deren Duft seine Freunde aus ihren Zimmern lockte. Zu sechst saßen sie um den Küchentisch. Gleich nachdem abgeräumt war, überraschte Kristin Florian mit der Frage, wo sie ihre Sachen hinräumen dürfe. Florian kratzte sich am Kopf und leerte ein Fach seines Schrankes.

Als er wieder in der Küche war, legte Kristin Herrn Melchiors Geschenk vorsichtig in das Fach. Ihre Unterwäsche und zwei dicke Pullover packte sie sorgfältig darüber.

Hanne Wickop
Die drei Zuckerbäcker

Mein Nachbar, der über mir wohnt, heißt Viktor, ich nenne ihn auch meinen lieben Obenübermir, weil wir befreundet sind. Ich habe vier Katzen, und meine Küche ist klein. Er hat einen großen Hund. Beide frühstücken am Wochenende gern mit mir. Das geht so vor sich: Irgendwann zwischen neun und zehn Uhr klingelt es bei mir, ich eile zur Tür, öffne und blicke in traurige Hundeaugen. Sie kennen sicher diesen Blick aus braunen Augen, so von unten nach oben mit gesenktem Kopf. Es gibt auch Männer, die damit Erfolg haben. Beherrschen tun diese Technik aber nur die mit braunen Augen. Im Maul hat er eine Tüte vom Bäcker-Seppel, nicht mein Nachbar, sein Hund, und blickt mich aus großen, traurigen Augen an. Aber das ist nur Schau, denn er wedelt eifrig mit dem Schwanz und freut sich, als ich die leicht angesabberte Tüte aus seinem weichen Maul nehme und lobend seinen Kopf streichle. Orlando schreitet, an den Katzen vorbei, sofort in die Küche, während sein Herr nach oben eilt, um eine Dose Hundefutter und seinen Wassernapf zu holen. Orlando senkt seinen Kopf mit den Schlappohren und begutachtet die Reste auf dem Katzenteller, scharf bewacht von meinem Kater Napoleon, der nur auf einen Grund lauert, dem Eindringling eine überzuziehen. Ich bereite das Frühstück. Orlando steht brettelbreit im schmalen Durchgang zwischen Tisch und Küchenzeile, ich tänzle vorsichtig um ihn herum, immer bedacht darauf, weder ihn noch eine meiner Katzen zu treten.

Inzwischen trifft das Hundefutter mit dem Hundebesitzer ein. Unter uns, zum Katzenbesitzer kann man es nie bringen, von Katzen kann man nur erwählt werden. Während der Hund genüßlich schmatzt, klemmt sich sein Herr hinter den Küchentisch, damit er aus dem Weg ist, und ich brühe Kaffee auf, schrecke die Eier ab, breite noch schnell die mottenzerfressene Kaschmirdecke zwischen Herd und Tisch aus. Inzwischen hat Orlando seinen Napf leergefressen und schlabbert geräuschvoll das Katzenwasser. Napoleon, Pauline und Lady Hannibal trinken derweil demonstrativ aus seinem Napf, der im Flur steht. Während ich mich auf meinem Sitz niederlasse, plumpst Orlando auf seine Decke und rülpst vernehmlich. Napoleon, eigentlich satt, schleicht am Hund vorbei und leert den Katzenteller. Dann setzt er sich, schnurrend wie ein Generator, auf den Stuhl neben mich, stupst mich so lange, bis ich ihm möglichst unauffällig eine Scheibe Wurst zuspiele.

Orlando erhebt sich, und Pauline umschmeichelt ihn schnurrend. Läuft Slalom um seine Beine, maunzt Liebestöne, aber kaum senkt er seinen Kopf, um sie abzulecken, haut sie zu, zum Glück mit eingezogenen Krallen. Ganz ruhig hält der große Hund ihr seinen schönen Kopf hin, wirft uns einen seelenvollen Blick zu und läßt sich von der Dame abwatschen. Wart nur, meint sein Herr zu Pauline, wenn er erst ausgewachsen ist, macht er einmal schnapp, und du bist hin.

Eines Tages, es ist Freitag vorm ersten Advent, steht mein Nachbar Viktor mit Orlando in der Tür. Kann ich dir den Hund mal schnell dalassen, wir werden am Sonntag Weihnachtskekse backen, ich besorge jetzt die Zutaten. Könntest du Linus und Johannes anrufen? Wenn sie Lust haben, bakken wir gemeinsam Plätzchen. Ihr könnt in meiner Küche backen, biete ich großzügig an, da habt ihr etwas mehr Platz als in deiner winzigen, wo es nicht mal einen Tisch gibt.

Am Sonntag, es ist fast Mittag, stehen alle drei mit Orlando auf der Matte, um in meiner Küche Weihnachtskekse zu backen. Sie haben reichlich eingekauft. Ein großer Karton mit allem, von dem sie annehmen, daß sie es zum Backen brauchen, steht neben ihnen. Sie schleppen ihn gemeinsam in meinen Flur, begutachtet von Hannibal, Pauline und Napoleon, die den Karton sofort entern. Damit könnt ihr ja ein Waisenhaus beliefern, staune ich. Viktor hat Angst, daß das Gebäck sonst nicht bis Weihnachten reicht, sagt Linus grinsend. Zu Hause waren die Kekse meist lange vor Weihnachten weg, verteidigt sich Viktor, mein Bruder war das, er hat sie immer aufgefuttert, flunkert er, nicht ich, dann scheucht er die Katzen aus dem Backkarton und findet zielsicher die Packung mit den Schokoladenblättern zum Dekorieren. Er öffnet sie und bietet jedem davon an. Schokolade ist ungesund, sagt er zum Hund, der ihn aus seinen braunen Augen von unten her anschaut, und schiebt ihm, als er sich unbeobachtet glaubt, heimlich ein Schokoblättchen ins Maul. Johannes eilt in die Küche und legt seine derzeitige Lieblings-CD, Händels »Poppea«, ein, damit ihm ja keiner zuvorkommt und wieder diesen Robbie Williams auflegt oder sonst etwas, das er für U-Musik hält und das er dann stundenlang ertragen muß, was für seine klassikgewöhnten Ohren eine Qual ist. Linus folgt ihm, stellt auf leise, weil bei dem billigen Apparat, einem Zeitschriften-Werbegeschenk, auch die besten Sänger schon bei halber Lautstärke nach Badewanne klingen.

Ich verteile Schürzen und ziehe mich mit meinen Katzen in mein Arbeitszimmer zurück. Von dort aus haben wir einen guten Blick in die gegenüberliegende Küche. Orlando legt sich natürlich gleich auf seinen Lieblingsplatz zwischen Tisch und Küchenzeile. Für Linus kein Problem, elegant tanzt er um das Hindernis herum. Ich erwähnte ja schon, die Küche ist klein. Viktor und Johannes stehen zu beiden Seiten des Tisches, Linus' Platz ist da, wo der Hund liegt, ein Golden Retriever, fast ausgewachsen. Ich rücke mit meinem Stuhl in den Flur vor, damit mir nichts entgeht, die Katzen rücken nach. Kater Waterloo ist inzwischen auch aufgetaucht und sitzt als graue Eminenz in der ersten Reihe. Die Herren haben ein Buch mit Rezepten für Weihnachtsgebäck aufgeschlagen, blättern eifrig und entscheiden sich für Zimtsterne. Am besten gleich von allem die dreifache Menge, meinen sie, schließlich sind wir drei. Ich halt mich raus, Kekse machen dick, und ich bin dick genug.

Also neun Eiweiße, sechshundert Gramm Puderzucker, eintausendzweihundert Gramm gemahlene Mandeln, sechs Teelöffel Zimtpulver und drei Päckchen Vanillezucker, liest Viktor laut vor. Linus schreitet über Orlando hinweg, beugt sich über den Karton und greift nach einer Zwölferpackung Eier. Beim Aufschlagen gerät ein wenig Eigelb mit in die Schüssel, macht nichts, meint Johannes, das ergibt 'ne schöne Farbe. Mit Farben hat er's, zu den Bildern, die ich male, sagt er immer: Schön bunt. Bilder im Stil der alten Holländer sind ihm lieber. Linus, der die besten Muskeln hat, weil er im Beruf Tänzerinnen stemmt, als seien sie federleicht, was wahrscheinlich stimmt, wenigstens bei seiner Lieblingspartnerin, in die sich Johannes verguckt hat, Linus also schlägt die Eier zu Schaum. Viktor streut den Puderzucker ein, und Johannes fächelt aus den kleinen Tüten den Vanillezucker drüber, lächelt versonnen. Etwa eine Tasse vom Eischnee abnehmen und kühlstellen, liest Viktor vor. Mal drei, werfe ich als Zuschauerin ein, und gebt mir doch das Backbuch, dann habt ihr mehr Platz auf dem Tisch. Viktor windet sich um seinen Hund, der sich genüßlich dehnt, schiebt sich an Linus vorbei und reicht mir die Rezepte.

Mandeln und Zimt unter die Masse heben und dreißig Minuten kühlstellen, lese ich vor. Kühlstellen, wiederholt Orlandos Herr, räumt den oberen Teil meines Kühlschranks leer und stellt alles obendrauf, damit die große Schüssel mit der Eischneemasse reinpaßt. Dreißig Minuten, wunderbar, eine Zigarettenpause. Alle drei verschwinden auf meinem Balkon. Pauline weckt den schlafenden Hund, umtänzelt ihn und singt in zärtlichen Tönen. Er fällt wieder auf sie rein, läßt sich abwatschen und von seinem Herrn trösten, der gegen Pauline die bekannte Drohung ausstößt.

Zigarettenpause beendet, Backofen auf hundertfünfzig Grad vorheizen, das Backblech mit Backpapier belegen, zitiere ich aus dem Rezept, die Arbeitsfläche mit den restlichen Mandeln bestreuen und die Eischneemasse etwa sieben Millimeter dick darauf verteilen. Linus, bewaffnet mit einer hölzernen Kuchenrolle, bemüht sich, den auf dem Küchentisch verteilten Eischneematsch gleichmäßig auf die vorgegebene Dicke auszuwalzen. Die Kommentare seiner Helfer bringen ihn in Rage, er hebt die Rolle, um seinen Peinigern eins auf den Kopf zu geben. Schadenfrohes Gelächter, denn beim Ausholen hat er sich über und über mit der breiigen Masse bekleckert. Johannes und Linus reiben ihn mit vielen frischgebügelten Geschirrtüchern sauber. Papiertücher hätten es auch getan, Orlando hilft mit seiner Zunge nach, die muß ich wenigstens nicht wieder waschen und bügeln, denke ich, dann kann es weitergehen. Mit Bratenwendern verstreichen sie jetzt zu dritt die noch rohe, klebrige Masse. Für Zimtsterne brauchen wir die Sternformen zum Ausstechen, meinen die drei Zuckerbäcker, und jeder nimmt einen Stern. Meine Katzen und ich erheben uns, drängen in die Küche, in der Hoffnung, von den Ausstechresten naschen zu können. Doch Reste fallen nicht an, auch Sterne entstehen nicht, obwohl die Männer eifrig auf die Masse einstechen. Wie von Zauberhand schließen sich die Schnittkanten, sobald die Metallsterne aus dem Teig gezogen werden. Ratlos schauen sie mich an. Kippt die Masse doch einfach auf das Backpapier auf dem Blech und stecht die Sterne nach dem Backen aus, schlage ich vor. Mit den Händen schieben die drei den Eierschaum über die Tischkante auf das Backblech. Orlando erwacht, erhebt sich, sein Kopf taucht neben dem Kuchenblech auf, er gähnt und – schwupp – hat er eine Ladung der klebrigen Masse im Maul. Das schmeckt ihm so gut, daß er sich über das Blech hermachen will. Er wird in den Flur verbannt und wir mit ihm. Ein zweites und ein drittes Blech werden mit der Masse gefüllt und in den vorgewärmten Backofen geschoben. Napoleon schleicht sich mit Hannibal schnell unter den Tisch, um die Reste vom Boden zu lecken. Über dem Tisch sind die Männer mit dem Ablecken von Bratenwendern und Fingern beschäftigt, ich greife mir die Schüssel und putze sie mit dem Zeigefinger sauber.

Wieder eine Zigarettenpause auf meinem Balkon. Nach

fünfundzwanzig Minuten ist der Zimtsternteig fertig gebakken, aber ausstechen lassen sich die Sterne auch jetzt nicht. Also das Ganze einfach in kleine Quadrate zerschneiden. Etwas bröckelig wird das, aber Keksbruch gehört ja zu den schönsten Nascherinnerungen unserer Kindheit.

Die ganze Wohnung duftet weihnachtlich. Jede Menge Brösel für Hund und Katz, für die drei Zuckerbäcker und für mich. Viktor spült und putzt den Tisch ab, Johannes studiert Keksrezepte und bietet einige zur Auswahl für den nächsten Backgang an. Linus, der im Flur am Boden liegt und mit Orlando schmust, eifersüchtig beäugt von Pauline, findet, daß Buttergebäck sicher einfacher zu machen sei, und man könne es auch so schön dekorieren mit Liebesperlen und Schokostreuseln. Ist alles im Karton, setzt er wissend hinzu. Und für mich bitte recht viele Herzen mit rosa Glasur, werfe ich ein. Viktor legt schnell die Piaf in den CD-Player, was ganz im Sinne von Linus ist, der mitsingt und Orlando von bittersüßer Liebe vorschmachtet, wobei er zärtlich seine Ohren krault.

Für mich klingelt das Telefon, ein langes Gespräch mit einer Freundin hält mich davon ab, den drei Zuckerbäckern weiter auf die Finger zu schauen. Aber so, wie die sich gegenseitig frotzeln und herumalbern, scheint es ihnen einen Heidenspaß zu machen. Und von allem immer die dreifache Menge, höre ich sie kreischen. Weihnachtsgebäck werden wir wohl bis Ostern haben, wenn nicht Viktors Bruder vorbeikommt, oder mein Sohn, der wahnsinnig gern nascht, aber bei sich zu Hause nicht darf, damit er nicht irgendwann einmal so rund ist wie seine Mutter.

Sigrid Undset
Fröhliche Weihnachten

In der Nacht zum 23. Dezember sind Thea und Mutter bis in die frühen Morgenstunden in der Küche beschäftigt. Preßkopf und Schweinsfüße liegen in der Salzlauge, die letzten Schachteln sind mit Plätzchen gefüllt und stehen nun in der Vorratskammer. Als letztes öffnet Thea noch die Fenster in der Küche und in der Anrichte, um den fetten Essensgeruch hinauszulassen. »Möchten Sie's für möglich halten, Frau Undset – ich glaube wahrhaftig, es fängt an zu frieren.« Und als sie auf die Vortreppe hinaustreten, da ist der ganze Himmel schwarz und übersät mit glitzernden Sternen. Sie müssen ein paar Schritte in den Garten hinausgehen, um sich zu überzeugen – ja, wirklich, die aufgeweichte Erde ist schon ein wenig fester, und es knistert unter den Füßen. Njord, der sich ihnen nachgeschlichen hat, saust wie aus der Kanone geschossen bis ans Ende des Gartens hinunter, bellt dort wütend auf die leere Landstraße hinaus – nur weil er sich freut, auch er, daß es jetzt doch endlich Winter wird.

Als die Mutter am nächsten Morgen in die Stadt hinunterfährt, um auf dem Markt einzukaufen, ist der Hang weiß von Reif; Hans und Tulla dürfen im Auto mitfahren. Heute sind viele Bauern auf dem Markt – sie verkaufen Brennholz, Weihnachtsbäume und kleine Getreidegarben. Und Hans darf Mutter helfen bei der Wahl des Christbaumes und darf die schönsten, buschigsten Garben goldgelber Haferähren aussuchen.

In Norwegen herrscht der Brauch, daß jedes Haus zu Weihnachten solche Ährenbüschel vor die Fenster hängt. Vor vielen tausend Jahren, als die Steinzeitmenschen in Norwegen gelernt hatten, Getreide anzubauen, glaubten sie, daß die der Erde innewohnende Wachstumskraft vor ihnen fliehe, wenn sie das Korn schnitten, und sich in den letzten Ähren verstecke, die auf dem Feld zurückblieben. Wenn die Menschen dann auch diese heimholten, hatten sie die Wachstumskraft eingefangen. Deshalb legten sie diese letzte Garbe beiseite und bewahrten sie auf. Und wenn dann im tiefen Winter die Erde von Frost erstarrt und mit Schnee bedeckt war, wenn es des Nachts unheimlich im Eis auf dem See dröhnte und die Bäume im Wald laut krachend in der Kälte zersprangen, wenn es fast den ganzen Tag über dunkel war und ein wenig Helligkeit nur während der kurzen Stunden herrschte, in denen die Sonne krank und rot von Fieber und glanzlos über den Waldrand heraufkroch, um sich tief unten am Himmel ein Stück weit dahinzuschleichen, ehe sie wieder untertauchte und sich versteckte – da holten die Menschen der Steinzeit dann diese letzte Garbe hervor und hängten sie in der Nähe ihrer Wohnstätte auf. Die Kraft in dieser Garbe sollte der Sonne helfen, wieder gesund zu werden, so daß sie wärmen und leuchten und über den bösen Winter siegen konnte. Und zugleich sollte auch die Wachstumskraft wieder in den kleinen Ackerfleck zurückkehren und den Menschen eine neue Ernte des köstlichen Kornes bringen.

Aus Asien kamen Geschichten von mächtigen Göttern, die über das Leben auf der Erde und über das Schicksal der Menschen herrschten. Den einen, der über das Himmelsgewölbe befahl, nannten sie Ty oder Ull, den Strahlenden. Ein anderer, den sie nur den Herrn nannten – Frøy oder Baldr –, sorgte dafür, daß die Erde Frucht trug und daß Tiere und Menschen sich vermehrten. Aber der beste von allen Göttern war Thor. Mit seinem schweren Hammer tötete er Trolle und böse Mächte, die die Wohnstätten der Menschen vernichten wollten. Thor hörte die Gelübde, wenn Braut und Bräutigam einander die Treue versprachen und wenn Männer Verträge oder Vergleiche abschlossen. Verräter, Lügner und Wortbrüchige konnten sich darauf verlassen, daß Thors Rache sie eines Tages treffen würde. Wenn er in seinem Wagen über den Himmel fuhr, dröhnte der Donner und strömte der Regen herab. Thors Frau war Sif mit dem goldenen Haar – manchmal sah man, ehe ein Gewitter losbrach, einen Lichtschimmer davon am Horizont, und nach dem Unwetter ließ sie es leuchten, um die nasse Welt zu trocknen. Das war die Zeit, in der die Norweger an Götter und Göttinnen glaubten. Aber sie hängten doch immer noch eine Korngarbe zum Mittwinterfest ans Haus. Das konnte einerseits ein Opfer an die goldhaarige Sif bedeuten, andererseits hatten die Alten es immer so gemacht, und jedermann wußte, daß es hatte helfen sollen, ihnen ein gutes neues Jahr zu sichern.

Dann kam eine Zeit, in der die Norweger mit ihren Schiffen an allen Küsten Europas entlangfuhren, plünderten und brandschatzten und mordeten. In England, Irland und Frankreich aber gab es tüchtige Könige, die sich wehrten und denen es gelang, ihr Land gegen die Räuber aus dem Norden zu verteidigen. Viele der Wikinger fielen – und die Norweger wußten nicht, wie es den Seelen dieser Männer erginge, die in fremden Landen gestorben waren, sie konnten ja nicht in dem Hügel daheim auf dem Hof begraben werden, in dem ihre Vorfahren lagen, und konnten nicht die Opfer und Gaben erhalten, die ihnen den Frieden nach dem Tod sichern sollten. Die Deutschen glaubten an einen Dämon Wuotan, den Wütenden; er ritt an der Spitze des Zuges der friedlosen und heimatlosen Toten, wenn der Sturm in den Nächten heulte und die Wolken über den Himmel jagten. Die Wikinger erhöhten ihn zu ihrem Gott und nannten ihn Odin, den Sachsengott. Aber er wurde nur von den Kriegern und einigen der großen Männer verehrt. Die Leute daheim in Norwegen, die sich abmühten, um Tag für Tag die nötige Nahrung aus der Erde und dem Meer zu holen, hielten sich an Thor, den Bauerngott.

Junge norwegische Königssöhne zogen als Wikinger aus und kehrten als Christen zurück, voll Eifer ihr ganzes Volk zum Glauben an den Weißen Christus zu bekehren. Dem letzten von ihnen, Olav Haraldsson, glückte dies – als er fiel, hatte er Norwegen zu einem christlichen Land gemacht, und man nannte ihn später Olav den Heiligen. Aber auch die christlichen Norweger hängten weiterhin die Weihnachtsgarbe vors Haus, nur erklärten sie jetzt, es sei ein Geschenk an die kleinen Vögel, die zu den menschlichen Behausungen flüchteten, wenn der Schnee im Wald so hoch lag, daß sie kein Futter mehr finden konnten. Die norwegischen Bauern waren immer gut zu den Tieren, und in der Weihnachtsnacht pflegten sie dem Pferd, der Kuh, der Ziege und dem Schaf eine Extramahlzeit aus etwas besonders Gutem zu geben: »Iß und trink, meine liebe Kuh, heute nacht wurde der Herrgott geboren.«

Seit uralten Zeiten, soweit wir zurückdenken können,

bis zu dem Tag, an dem die Deutschen uns überfielen und unser Land plünderten, haben wir Norweger den kleinen Vögeln in jedem Heim eine Getreidegarbe zu Weihnachten aufgestellt.

Mutter kauft immer so viele Garbenbüschel, daß im ganzen Haus vor jedem Fenster eines aufgehängt werden kann. Und als vor Tullas Fenster die Garbe hängt, vergißt sie ihre schlechte Laune wegen der Schlittenfahrt, die ins Wasser gefallen ist; denn es macht ihr solchen Spaß, dazusitzen und die Vögel hin und her schwirren zu sehen.

In Norwegen ist der Weihnachtsabend die größte und heiligste Festzeit des Jahres. Für Hans und Anders beginnt er schon am Morgen, wenn der Christbaum in die Wohnstube hereingetragen wird und Thea die Schachteln mit dem Christbaumschmuck vom Boden herunterholt. Da machen sie sich eifrig daran, ihre Geschenke einzupacken und mit den Namen der Empfänger zu versehen, wobei natürlich Finger und Pullover Tinte abbekommen, während die Mutter in der Stube unten den Baum schmückt. Alle Augenblicke erfinden die Jungen einen Vorwand, um hinunterzulaufen und den Kopf zur Tür hineinzustecken. »Mutter, wie buchstabiert der Soundso seinen Namen?« In Wirklichkeit wollen sie aber nur den Baum betrachten und den alten Schmuck wiedersehen. Den kleinen Porzellanengel, der an der Spitze des Baumes sitzt, bekamen Großmutter und Großvater von Großvaters Eltern in Trondheim, als Mutter ein Jahr alt war und der erste Christbaum für sie geschmückt werden sollte. Heuer hat der Engel ein neues Kleid bekommen und eine neue hellrote Seidenschärpe um die Mitte. Jedes Jahr zerbrechen ein paar Stücke des Christbaumschmuckes, und Mutter kauft ein paar neue Kugeln – und Anders weiß genau, was alt, älter und am ältesten ist.

Als letztes bäckt Thea die Weihnachtskuchen, und wenn sie dann aus dem Ofen gekommen sind und in einer Reihe daliegen, groß, rund und braun, gespickt mit Rosinen und Zitronat, gibt es für das ganze Haus Kaffee im Eßzimmer; denn am Weihnachtsabend wird spät gegessen. Aber Mutter und Thea müssen alle Augenblicke vom Kaffeetisch aufstehen – der Kaufmann schickt die letzten Waren ins Haus, und Blumen werden abgegeben, so viele, daß sich schließlich fast kein Platz mehr für sie findet. Mutter liest die Glückwunschkarten und muß dann den Gärtner anrufen – sie hat Blumen von Leuten bekommen, denen sie versehentlich keine geschickt hatte. Zu Weihnachten aber müssen alle Freunde und Bekannte einander Blumen schicken. Und alle Boten müssen ein Weihnachtstrinkgeld bekommen. Anders erbietet sich, draußen beim Briefkasten Wache zu stehen, um dem Postboten, wenn er endlich erscheinen sollte, den Briefumschlag mit seinem Weihnachtsgeld zu geben. »Es ist jetzt richtig kalt«, so berichtet er, als er wieder hereinkommt, aber, behauptet er, »die Luft riecht nach Schnee.«

Im Grunde genommen sind die Buben nicht sehr begeistert von Reisbrei und gekochtem Dorsch mit Rotwein. Aber das gibt es immer an Heiligabend; denn das bekam Mutter daheim bei ihren Eltern, weil schon ihr Vater in seinem Elternhaus stets Reisbrei und Fisch zu Weihnachten bekommen hatte. In vielen Gegenden in Norwegen haben die Leute an den Bräuchen aus der katholischen Zeit und an den Fastentagen festgehalten, obgleich das Land schon seit vierhundert Jahren protestantisch ist. Das Weihnachtsessen ist aber trotzdem festlich; denn da kommt jeder in seinem schönsten Kleid zu Tisch, und alle elektrischen Lampen im Haus sind ausgelöscht; denn an diesem Abend sollen nur lebendige Lichter brennen, und in den Zimmern müssen überall Kerzen stehen.

Der Tisch ist mit Blumen und dem alten englischen Silber geschmückt, und Thea hat ringsherum einen Kranz aus Fichtenzweigen und Kornähren gelegt. Mit viel Zucker und Zimt und Butter schmeckt der Reisbrei schließlich doch gar nicht so schlecht – außerdem ist eine Mandel darin, und es heißt, wer diese Mandel in seiner Portion findet, wird das ganze Jahr hindurch Glück haben. Eigentlich ist es ja der Brauch, daß derjenige, der die Mandel findet, ein Extraweihnachtsgeschenk bekommen soll. Mutters Vater aber war der Meinung, daß die Kinder dazu erzogen werden sollten, mehr Freude beim Geben als beim Nehmen zu empfinden, und so bestimmte er, daß diejenige seiner kleinen Töchter, die die Mandel fand, ihre Weihnachtsgeschenke als erste austeilen dürfe. Mutter sagte, sie könne sich nicht erinnern, daß Großvaters schöner Gedanke bei ihr und ihren Schwestern allzu großen Anklang gefunden habe, darum läßt sie die Mandel jetzt nur noch Glück bedeuten.

Und Tulla sitzt da und ist so vergnügt, daß sie die ganze Zeit lacht, und da freuen sich die anderen auch mit ihr. Tulla liebt Reisbrei, noch mehr Spaß aber macht es ihr, die Kerzen brennen zu sehen und zu sehen, wie sie flackern, wenn sie sie anbläst. Und Tulla ist es, die als erste den Kopf lauschend hebt und sagt: »Bimbam, bimbam« – sie war die erste, die hörte, daß Weihnachten eingeläutet wurde. Da nehmen alle ihre Rotweingläser und treten hinaus auf die Vortreppe.

Von der Kirche in der Stadt unten dringt das Glockengeläut bis herauf, und durch den leisen Zug in der Luft kann man heute abend sogar die kleine Glocke in der Kapelle auf dem anderen Ufer des Sees hören. Draußen ist es sternenklar, und in allen Fenstern der Häuser ringsum stehen brennende Kerzen, sogar an den schwarzen Waldhängen drüben auf der Seite von Vingnes sieht man da und dort ein Licht blinken. Sie stehen eine Weile da, blicken über das Land hinaus und lauschen – dann stoßen sie miteinander an, wünschen sich gegenseitig »Frohe Weihnachten« und leeren ihre Gläser. Hans trinkt seinen Rotwein in einem Zug aus, als wäre es Medizin, weil er so sauer ist – er würde nie zugeben, daß Rotwein ihm nicht schmeckt.

Jetzt ist es Zeit für die Mutter, in die Wohnstube hinüberzugehen und den Christbaum anzuzünden. Und da erst ist es richtig Weihnachten. Merkwürdig, daß es doch Jahr für Jahr immer wieder gleich schön und feierlich sein kann, denkt Mutter. In der großen Feuerstätte flammt ein Feuer aus harzreichen Wurzelstöcken und wirft rot züngelndes Licht auf die ungestrichenen Holzwände, die vom Alter seidenglatt und rötlichbraun sind, leuchtet auf Bilderrahmen und auf den alten, braunen Bücherrücken mit dem verblichenen Golddruck auf. Die Lichter am Baum und die Lichter in den zwei Kirchenkronleuchtern spiegeln sich in den Fenstern, vor denen sich die nächtliche Finsternis schwarz an die Scheiben drängt. Es riecht köstlich nach Tannenzweigen und heißem Wachs, nach Maiglöckchen und Hyazinthen. Mutter rückt ihren Stuhl dicht an Tulla heran, während Anders das Weihnachtsevangelium vorliest. Aber mitten im Lesen wird er von Neri unterbrochen, der zu winseln und zu scharren anfängt und zu ihm auf den Schoß will – der junge Hund fürchtet sich vor all dem Ungewohnten.

Haustiere lieben es nicht, daß ihre Gewohnheiten unterbrochen werden. Die Katzen trollten sich schon alle beide am frühen Nachmittag – es gefiel ihnen nicht mehr im Haus. Und Neri ist immer noch unruhig. Nur Njord sitzt ganz still vor dem Korb mit den Geschenken und streckt ab und zu sehnsüchtig schnuppernd den Kopf vor. Er erinnert sich von anderen Weihnachtsabenden her, daß ein Paket mit einer großen Wurst für ihn darin ist. Er riecht sie auch schon.

Dieses Jahr sind nicht viele Geschenke im Korb; denn die Gäste aus Oslo und Stockholm bringen die ihren erst mit, wenn sie kommen. Und Anders bekam seine neuen Langlaufskier schon im voraus, damit er sie fahrbereit machen konnte, um sie gleich beim ersten Schnee zu benutzen. Den Pelzmantel und den Rennwolf für Tulla kann man ja nicht gut in die Stube hereinnehmen. Aber die Buben schielen schon die ganze Zeit zu dem Korb hinüber und freuen sich darauf, ihre Geschenke auszuteilen. Hans hat für Mutter, Thea und Tulla je ein Christuskind in der Krippe gekauft, und Anders verteilt die Resultate seines einjährigen Schulunterrichts im Schreinern: einen Vogelbauer, ein Bücherbrett und einen grüngestrichenen Hocker. Sie sind wirklich nicht schlecht ausgefallen, wenn man bedenkt, daß Anders sie gemacht hat. Der Junge ist merkwürdig ungeschickt mit seinen Händen.

Auf dem Tisch stehen große Schalen mit Nüssen und Obst und mit Plätzchen – sieben verschiedene Sorten, wie sie im Gudbrandstal zu jedem Weihnachtsfest gehören. Mutter schenkt Met in alle Gläser. Zwar mag keiner diesen klebrigen, süßen Met, aber ohne ihn wäre es kein richtiges Weihnachten. Und die Kinder werden wenigstens schläfrig davon. Tulla wehrt sich nicht, als Thea sie hinaufführt, um sie zu Bett zu bringen. Hans rollt sich auf dem Sofa zusammen und leistet sich ein kleines Schläfchen. Aber Anders und Mutter bleiben vor dem Feuer sitzen und betrachten den Christbaum, an dem eine Kerze nach der andern herunterbrennt und erlischt. Die Holzscheite sind zu einem roten Gluthaufen zusammengesunken, der leise knistert und seufzt. Mutter und Anders haben schon immer gerne so dagesessen und miteinander geschwiegen.

Um zehn Uhr kommt das Auto. Zur Mitternachtsmesse fährt Bøe sie immer in eigener Person. Ihm macht diese Fahrt in der Christnacht nichts aus, denn er hat Verwandte in der Nähe von Hamar, und während Mutter mit den Jungen in der Kirche ist, kann er dorthin fahren und ihnen fröhliche Weihnachten wünschen.

Die St.-Thorfinns-Kapelle in Hamar ist nur ein großes Zimmer im Krankenhaus der Schwestern. Heute nacht aber strahlt der Raum im Schmuck vieler Kerzen und Blumen. Links vom Altar ist die Krippe aufgebaut, und alle Bewohner von Hamar sind überzeugt, daß ihre Krippe die schönste in ganz Norwegen, wenn nicht gar in der ganzen Welt ist. Junge Fichten füllen die Ecke aus, so daß es aussieht wie ein richtiger norwegischer Wald. Grünes Moos und Preiselbeerenkraut bilden den Teppich, auf dem der Stall steht, und in diesen grünen Moosteppich sind weiße Tulpen und Hyazinthen und rosa Weihnachtsbegonien gepflanzt – jede Familie der Gemeinde hat ihre Blumentöpfe für die Krippe geschickt. Der Stall ist aus weißen Birkenstämmen gebaut und mit Stroh gedeckt. Mutter Fulgentia, erfinderisch wie immer, hat dazu die Strohhüllen verwendet, in denen der Altarwein geschickt wird. Und im Schimmer des großen Sterns, der über der Hütte strahlt, sehen die kleinen Figuren von Maria und Josef, die vor der Krippe knien, und die jungen und alten Hirten und Hirtinnen, die Maria Schafe und Lämmer darbringen, wie lebendig aus.

»Es ist wirklich lebendig«, sagt die kleine Aagot, die neben Hans kniet. »Was ist lebendig?« flüstert Hans zurück, sofort interessiert. »Das Christkind – es hat eben vorhin einen Fuß bewegt.« – »Aber hast du auch gesehen, wie der Ochse seinen Kopf geschüttelt hat?« sagt Hans. »Huh, hoffentlich wird er nicht böse und stößt die Jungfrau Maria.« – »Nein, nein, das traut er sich nicht.« Mutter und Frau Larsen wollen gerade ihre Kinder zur Ruhe ermahnen, da dreht in der Bank vorne, wo die Nonnen knien, Mutter Fulgentia sich um und legt den Finger auf die Lippen – sie lächelt dabei, so daß ihre Augen mit den Weihnachtskerzen um die Wette strahlen. Und die Kinder lächeln zurück und hören auf zu flüstern.

Aber als die Messe beendet ist und alle Mitglieder der Gemeinde, die einen weiten Heimweg vor sich haben, von den Schwestern im Sprechzimmer mit Tee bewirtet werden, erzählen Aagot und Hans eifrig, was sie alles gesehen haben wollen, während der Pfarrer, ein Monsignore, die Messe las: Die Jungfrau Maria habe versucht, die Decke besser über das Jesuskind zu breiten, es habe sie aber wieder weggestrampelt, die Hunde der Hirten seien schnuppernd näher gekommen, und der heilige Josef habe sie gestreichelt. – Vielleicht bilden sich die Kinder ein, wirklich gesehen zu haben, wie die Figuren in der Krippe sich bewegten, während Licht und Schatten der flackernden Altarkerzen über sie hinhuschten. Die Erwachsenen ermuntern sie immer wieder, noch mehr zu erzählen; denn man sieht es den Schwestern an, daß sie gerne zuhören und am liebsten noch viele Fragen stellen würden – aber dies würde gegen die Ordensregel verstoßen, die es ihnen verbietet, in der Zeit nach dem Abendgebet bis nach der Morgenmesse zu sprechen. Doch Schwester Rogata macht den Kindern so seltsame Zeichen und Gebärden, daß diese schließlich zu ihr hinlaufen und ihr auf den Schoß klettern. Schwester Rogata ist die besondere Freundin aller Kinder. »Nur weil sie nichts mit ihnen in der Schule zu tun hat«, bemerkt die Oberin trocken. Schwester Rogata ist Operationsschwester in der Augenklinik.

Es ist zwei Uhr vorbei, ehe Mutter und die Jungen hinausgehen zu Bøe, der mit dem Auto wartet. Und, o herrliches Wunder – die Straße ist weiß, die Dächer sind weiß, die Zweige der Bäume sind mit feinen weißen Streifen nachgezogen. Zwar ist die Schneeschicht noch so dünn, daß jeder Schritt schwarze Spuren hinterläßt, aber es ist *guter* Schnee, ein dichtes Rieseln von harten kleinen Schneekörnern, die während der Fahrt mit leisem Rascheln gegen die Windschutzscheibe prallen.

Die Straßen in Hamar sind öde und still. Und als sie die Stadt hinter sich gelassen haben, zieht sich der Weg im Licht der Scheinwerfer wie ein weißes Band zwischen den schwarzweißen Mauern des Waldes dahin. Zäune, Fichten, kleine schlafende Häuser gleiten im Lichtschein vorüber. Für die Kinder ist an diesen nächtlichen Weihnachtsfahrten das Schönste der Gedanke, daß sie noch auf sind und umherfahren, während alle anderen Menschen meilenweit rings um den See im süßesten Schlummer liegen.

Plötzlich springt ein riesiger Elch aus dem Wald heraus. Er läuft ein Stück weit vor dem Auto her, so nahe, daß man im Licht der Scheinwerfer jedes Haar seines graubraunen Fells und jede Zacke seines Geweihs sieht. Die Mutter will die Kinder auf ihn aufmerksam machen, aber als sie sich nach ihnen umdreht, sieht sie, daß alle beide tief und fest eingeschlafen sind.

Der Schnee, der vor der Windschutzscheibe wirbelt, hat sich nun in große, flaumige Flocken verwandelt, die immer dichter und dichter heruntertaumeln. Thea steht schon bereit und hat das Tor geöffnet, als sie vorfahren; die Hunde kennen Bøes Auto am Ton und geben schon Laut, noch lange, ehe jemand es unten auf der Straße erkennen kann. Jetzt stürmen sie, laut kläffend, den Hang hinunter, rollen sich in all dem Weiß und beißen in den Schnee. Die schlaftrunkenen Buben steigen taumelnd aus und sehen, daß es nun endlich richtig Weihnachten in Norwegen geworden ist.

Und darum ist es heute Nacht doppelt festlich, ins Haus hereinzukommen zu dem Tisch, der mit all den guten weihnachtlichen Dingen gedeckt ist, für diese Mahlzeit, von der man nicht recht weiß, soll man sie Abendessen oder Frühstück nennen. Aber in den Gemeinden, in denen die Leute noch an den alten Bräuchen festhielten, pflegten sie die erste Kostprobe vom Weihnachtsschweinebraten und all den anderen Fleischgerichten irgendwann zwischen Mitternacht und Morgengrauen des ersten Weihnachtstages zu sich zu nehmen. Darum hat Thea auch den Preßkopf und die Lammkeule, die geräucherte Rentierzunge und die Leberpastete auf den Tisch gestellt, und selbst Hans, der eigentlich keinen Kaffee trinken dürfte, bekommt in dieser Nacht eine Tasse Kaffee und drei Tropfen Aquavit in sein Glas, damit er doch auch einmal anstoßen und fröhliche Weihnachten wünschen kann.

Njord und Neri sind hellwach, und Njord steht fast die ganze Zeit auf seinen Hinterbeinen und bettelt, während Mutter ißt. Neri sitzt bei Anders auf dem Schoß und schnappt sich von Zeit zu Zeit einen Bissen von dessen Teller. Natürlich tun so etwas nur ganz schlecht erzogene Hunde – aber diese Hunde hier sind leider nicht sehr gut erzogen, und schließlich dürfen sie an Weihnachten eben manches tun, was im gewöhnlichen Leben nicht erlaubt ist.

Nur Tulla ist nicht dabei, für sie ist es besser, sie ungestört schlafen zu lassen. Dafür sitzt sie dann am nächsten Morgen, während die anderen immer noch schlafen, am Fenster und wird nicht müde zuzusehen, wie die große Fahne sich ausbreitet und wieder zusammensinkt, immer wieder aufflattert, das blaue und weiße Kreuz auf dem scharlachroten Tuch zeigt und sich wieder zusammenfaltet, als wäre sie lebendig. Selbst bei stillem Wetter oder wenn es schneit, so daß die Flagge schlapp herunterhängt, sitzt Tulla getreulich am Fenster und starrt hinaus und wartet.

Jurij Brézan
Hunds Tagebuch

Ambros brachte eine kleine Kiefer heim und stellte sie draußen vor die Haustür. Ich nahm an, das Bäumchen sei für mich, damit ich nicht andauernd einen neuen Fleck fürs Pfützeln suchen müßte. Aber himmlisches Donnerwetter, was da passierte, als ich das Kieferchen – bloß mal so zur Probe – anspritzte! Sie schalten mich einen dummen Stinker, der den ganzen Garten voller Bäume habe und sich um Gottes willen nicht noch einmal an ihrem Weihnachtsbaum vergehen solle.

Kann ich das wissen? Und überhaupt: Was heißt »Weihnachts…«? Jana erklärte mir, die kleine Kiefer würde weihnachtlich geschmückt im Zimmer stehen. Wieder dieses »Weihnacht« – und wenn das so wichtig ist, warum hat dann Ambros nur ein Bäumchen gebracht? Jana hätte sich bestimmt gefreut, wenn es mehr gewesen wären. Ich denke, er ist ein bißchen geizig. Manchmal nämlich gießt er Jana nur ein ganz kleines Gläschen duftendes bräunliches Wasser ein und stellt die Flasche wieder in den Schrank. Ich würde ihr zu trinken geben, soviel sie will.

Das ging mir so durch den Kopf, als ich auf der Küchenschwelle saß und sie das Mittagessen kochte. Ich beschloß, ihr eine Freude zu machen, und ging in den Garten. Unter einer Birke fand ich einen schönen Baum, nicht so groß wie der von Ambros und auch ohne die duftenden Nadeln, aber so schwer, daß ich ihn kaum schleppen konnte. Er kroch mir auch immer zwischen die Beine, und ich hatte große

Mühe, ihn ins Haus zu zerren. Ich legte ihn auf die Küchenschwelle und wartete, daß Jana aufjauchzen und mich sehr loben würde. Statt dessen schrie sie auf: »Kifko – was schleppst du mir alte Äste rein?«

Ich glaube, ich habe noch nie im Leben so verdattert geguckt wie in dem Augenblick: Da willst du jemandem eine Freude machen und wirst zum Dank angeschrien!

Ich ging und legte mich unter die Treppe. Ich war sehr enttäuscht. Gleich kam auch Ambros dazu und knurrte mich an. Er trug meinen Baum zurück in den Garten, ich trottete hinterher, und er sagte ganz freundlich: »Alte dürre Äste brauchen wir nicht, Kifko.«

Ich verstand und machte mich auf die Suche. Schließlich fand ich Fichtenzweige, die dicht an dicht nebeneinanderlagen. Ich suchte den am schönsten benadelten aus und mußte zerren und zerren, bis er plötzlich nachgab – Ambros wäre in dem Fall bestimmt rücklings hingestürzt. Ich nahm den Zweig fest zwischen die Zähne und schleppte ihn Meter um Meter zum Haus. Ich mußte mich mächtig anstrengen, begann sogar hinter den Ohren zu schwitzen. Bis vor die Haustür, weiter konnte ich wirklich nicht. Ich bellte kurz auf, damit Jana käme und sähe, welch einen wunderschönen Baum ich ihr bringe.

Doch sie schüttelte den Kopf, murmelte traurig: »Kifko, Kifko« und rief: »Ambros, dein bescheuerter Hund deckt mir meine Tulpen ab!«

Ambros brachte den Zweig wieder dahin, von wo ich ihn mit soviel Mühe hergeschleppt hatte, und heftete ihn mit dem Gabelholz von neuem fest an die Erde.

Ich scherte mich weder um sein Murren und Knurren

noch um Jana. Nicht einmal das Abendessen rührte ich an. Bin ich vielleicht ein bescheuerter Hund? Und wieso gehöre ich Ambros? Jana gehört ihm vielleicht, aber ich bin ich. Und unser!

Mir fraß der Zorn fast den Bauch kaputt. Am liebsten wäre ich in den Wald gerannt und hätte mich in einen wilden Keiler verbissen. Ich war vielleicht wütend!

In der Nacht schlich ich ins Bad und holte mir ein Handtuch von Jana ins Körbchen. Ich schlief sehr gut.

Am Morgen schalt Jana zwar ein bißchen, sagte aber »Mein lieber Kifko« zu mir. Na also, sagte ich mir, warum nicht immer so? Wir brauchen uns doch wirklich nicht wegen irgendwelcher blöder Tulpen zu streiten. Und überhaupt, ich habe nirgends welche gesehen! Ich schlenderte hin und fing an, unter den Fichtenzweigen zu suchen. Jana fuhr aus dem Haus und haute mir den Wischlappen um die Ohren.

Das begreife, wer will: Wenn du etwas nicht weißt, nennt man dich dumm, willst du es aber wissen, tanzt der Wischlappen auf dir! Ich denke, Jana muß noch viel lernen. Sie ist ja lieb, aber – ich will nicht sagen: dumm – manchmal hat sie wenig Verstand.

Als es dunkelte, habe ich aber doch eine Tulpe ausgegraben. Das ist ein rundes Etwas, es stinkt und schmeckt wie eine alte Kartoffel. Und deswegen machen sie so ein Trara und spielen verrückt!

Ambros trug seine Kiefer in die Stube, ich half ihm. Er stellte sich so ungeschickt dabei an, daß der unterste Zweig, den ich schleppte, abbrach. Und selbstverständlich gab er die Schuld mir. Mir scheint, es geht nicht anders, und ich glaube fast, sie haben mich nur deswegen hergeholt, damit sie jemanden haben, dem sie immer die Schuld unter die Pfoten schieben können.

Zum Beispiel gestern: Zwischen dem Grünzeug vor unserem großen Fenster brummte eine dicke schwarze Fliege herum. Jana mag solche Biester nicht, und darum versuchte ich den Brummer zu fangen. Der aber verhielt sich dabei so dämlich, daß eine Blume umfiel und der Topf zerbrach. Ich konnte nun wirklich nichts dafür, aber den Wischlappen habe ich um die Ohren gekriegt und nicht die dicke Fliege!

Ambros also stellte seinen grünen Besenbusch mitten in die Stube und begann Kugeln an die Zweige zu hängen, rote, blaue und auch goldene. Eine besonders große goldene fiel herunter und zersplitterte. Ambros kniete sich eilends hin und sammelte die Splitter auf. Ich bellte kurz, und Jana kam hereingestürzt. »Schade«, seufzte sie. »Unsere schönste Kugel. – Und wieder Kifko, nicht?«

Am liebsten hätte ich ihr den Wischlappen um die Ohren gehauen!

Ambros brummelte: »Leider ich.« Dabei machte er ein Gesicht, als hätte er auf den Teppich gepfützelt.

Also ehrlich ist er, das muß ich zugeben. Ich ging und leckte ihm die Hand.

»Leck dich selber!« knurrte er.

Da kann man nur sagen: ziemlich komisch, unser Oberhund!

Ich schlenderte in den Garten und jagte eine Weile die Amseln, die auf unseren Wacholdern Beeren pickten. Sie flogen keckernd auf die Buche. Ich hinterher, und sie zurück zum Wacholder. Sie kreischten, und ich bellte, sie ärgerten sich nicht, und ich machte Spaß – es war ein lustiges Spiel.

Unterdessen war Ambros mit seiner Arbeit fertig; der Baum gefiel mir jetzt wirklich gut. Auch für mich hing etwas an den Zweigen. Ich rupfte einen Pfefferkuchen ab, er schmeckte nicht schlecht. Ich suchte mehr, einer hing da, ziemlich maulgerecht zwar, aber ein wenig zu hoch. Ich mußte springen, schnappte zu – und wäre nicht Jana hinzugesprungen, wäre der Baum mitten in die Stube gefallen, direkt auf mich drauf! Zu meinem Glück mußte sie Ambros' Pfefferkuchenbusch festhalten, und ich konnte ihr und ihrem Wischlappen entkommen. Später klingelte es, und Jana redete mit dem schwarzen Knochen vom Schränkchen.

Zum Schluß sagte sie: »Von mir aus darf er mit zu euch. Aber verdient hat er das nicht, der Schweinehund.«

Wenn sie mich Schweinehund nennen, klingt das manchmal nach Wischlappen und manchmal nach einem Fleischstückchen – man weiß nie, woran man ist. Ein Blick auf Jana, und es war klar: Die Sache roch gewaltig nach Wischlappen. Ich sagte mir: »Paß auf, Kifko!« und verkroch mich unter den Tisch.

Sie zogen sich fein an, trugen Päckchen mit Schleifen ins Auto und auch meine Leine und mein Körbchen. Mir war das überhaupt nicht geheuer.

Ambros machte das Auto auf und befahl: »Hopp, Kifko, spring!«

Ich sprang drei Schritt zurück.

Jana sagte: »Sei nicht dumm, Kifko. Du darfst mitfahren.«

Wahrscheinlich wollten sie mich wegbringen, dorthin, woher mich Ambros geholt hat. Ich wetzte los und legte mich vor die Haustür. Ich bin hier daheim!

Ambros wollte mich fangen, aber unser Oberhund ist ziemlich lahm auf den Beinen. Ich tanzte ihm vor der Nase herum, er schimpfte, japste und stolperte auch – ein wirklich lächerlicher Mann. Und natürlich lachte Jana.

Ambros wurde böse: »Du wolltest ihn ja mitnehmen, also fang ihn dir!«

Jana hatte mehr Verstand, sie begriff, daß ich hierbleiben wollte. Sie schloß mir die Haustür auf, ich schoß hinein. Sie öffnete den Kühlschrank und schnitt ein Stückchen Fleisch ab. Mir lief das Wasser im Maul zusammen, ich schnappte, und – wupps! – schnappte sie auch und hatte mich am Kragen. Nie hätte ich gedacht, daß Jana so hinterlistig sein könnte! Sie hakte mir meine Leine an und setzte mich neben mein Körbchen hinten ins Auto.

Wir fuhren aus dem Hof, beim Nachbarn Lahmbein vorbei, bogen in die Straße ein, da wußte ich, daß sie mich wegbringen. Plötzlich tat mir alles weh, am meisten der Bauch ganz oben. Je länger wir fuhren, desto schlechter wurde mir, und schließlich mußte ich mein ganzes Mittagessen auswürgen. Ambros schimpfte, aber Jana hatte Mitleid mit mir, sie sagte, ich stürbe ja fast vor Angst. Mir war schon alles egal, am liebsten wollte ich sterben. Nichts und gar nichts habe ich ihnen angetan, daß sie mich so von daheim wegjagen dürfen. Ich machte die Augen zu und hörte einfach auf zu atmen. Wenn ich erst tot bin, werden sie begreifen, welch ein lieber, lustiger und kluger Kifko ich gewesen bin. Aber dann wird es zu spät sein.

Leider mußte ich doch noch ein bißchen atmen, und die

Augen machte ich auf, als das Auto hielt. Da standen unsere Enkel und begrüßten mich fröhlich!

Ich sprang hinaus – und all meine Angst war weg! Wir rannten dreimal ums Haus, dann erwischte mich der Mensch Papa an der Leine, und wir gingen ins Haus. Dort duftete es wie im Himmel; so wunderbar duftet es bei uns nie, nicht einmal sonntags vor dem Mittagessen.

Im Zimmer stand der gleiche Baum wie bei uns daheim. Wir stellten uns vor ihm auf, sie löschten die Lampen und zündeten am Baum Kerzen an. Alle machten komische Gesichter, ganz ernst, aber nicht böse, und begannen sehr feierlich zu singen, ich verstand nur »… still gemacht«.

Weil ich sah, daß auch der kleinste Enkel mitsang, sang ich auch. Als erste fingen die Enkel an zu kichern, dann lachten alle und konnten vor lauter Lachen nicht weitersingen.

Die Mutter unserer Enkel sagte: »Kifko, du hast uns die ganze Feierlichkeit vermasselt.«

Es hörte sich nicht einen winzigen Faden nach Wischlappen an. Nun reichte jeder jedem die Hand, der Kleine hockte sich zu mir und schüttelte mir die rechte Vorderpfote. Ich denke, deswegen durfte er sich auch als erster etwas vom Baum pflücken. Danach kamen die anderen an die Reihe und zum Schluß ich. Ich bekam ein langes, aber leider sehr dünnes Würstchen. Ich durfte es in aller Ruhe verspeisen, dann aber legten sie mich im Korridor neben meinem Körbchen an die kurze Leine. Später schenkte mir jeder Enkel noch einen mageren Keks. Das war's dann auch. Was so wunderbar duftete, wurde in die Stube getragen, und ich durfte nur Speichel schlucken.

Es war Nacht, als wir nach Hause fuhren. Ich wußte nun, daß Weihnachten für einen Hund ein Haus voll himmlischer Düfte, ein dünnes Würstchen und drei Schnapp-Kekse ist. Mehr nicht. Höchstens noch viel Aufregung und Bauchschmerzen.

Daheim bekam ich von Jana einen vierten Keks und ein Tütchen voll Lob, weil ich mich anständig betragen und das »Stillgemacht« so gut mitgesungen hatte.

Agnes Miegel
Mohrchen

Es war nur ein kleiner Hund und für Fremde ein struppiger, lärmender Affenpinscherbastard. Für uns zu Hause aber war er fünfzehn Jahre lang unser treuer Freund und für mich mein bestes Weihnachtsgeschenk, das ich je erhalten habe.

Ich war noch sehr klein, aber eines Tages, als ich vor meinen Spielsachen saß, kam ich hinter die Erkenntnis, daß alles eitel ist. Papierpuppen und Puppenstube freuten mich nicht, und auch meine Geburtstagspuppe Anna liebte ich nicht mehr, seitdem es sich erwiesen hatte, daß ihr Bauch unter der Pracht des himmelblauen Staatskleides nur Sägemehl barg. So saß ich denn und bockte still und andauernd, bis Minna, meine alte Amme, es versuchte, mich abzulenken, und mir vom Weihnachtsmann erzählte. »Denk mal nach, was er dir bringen soll!« riet sie mir. Und ich sagte sofort: »Was Lebend'ges.« Es dauerte nicht sehr lange bis zum Fest, und ich war mit mir einig, daß der Weihnachtsmann mir meinen Wunsch nicht erfüllen könnte; denn ich hatte schon meine Erfahrungen mit ihm und dem Geburtstagsengel gemacht: alles Artigsein und alle heißen Wünsche hatten mir kein Brüderchen gebracht. Minna tat zwar sehr geheimnisvoll, und Anna war verschwunden, nachdem sie welk und dünn geworden und ihre Flachslocken durch zu viel Kämmen ausgegangen – aber das erregte und freute mich nicht weiter, beides gehörte sozusagen zum Fest, gerade wie das mir höchst widerwärtige Gedichtlernen. Ich begriff nicht, wozu mich Minna damit plagte, und begriff erst recht nicht, warum ich es den Eltern nicht gleich, als ich es konnte, aufsagen durfte, sondern damit warten sollte, bis ich mir damit die Freude am brennenden Baum verdarb. Aber Große hatten sonderbare Ansichten, die ich längst ergeben hinnahm; da ich aber der Meinung war, daß man sich diesen Ansichten nicht ganz unterwerfen müßte, so preßte ich Minna und Tante Lusche, die mich dabei »überhörten«, das Versprechen auf ein Paar warme Würstchen am Heiligen Abend ab. Außerdem fuhr ich recht oft in den rosenduftenden Zuckerguß, den Tante Lusche rührte und der auf die Pfefferkuchen kam. »Wenn du artig bist, bringt der Weihnachtsmann aber ganz was besonders Hübsches«, sagte Tante Lusche und tat, als bemerkte sie mein Schlecken nicht. »Rate, wie es aussieht!« Ich riet rund, groß, dick, lang, bunt – aber alles war nicht richtig. Endlich kam ich dahinter, daß es »schwarz« war. Noch abends im Bett mußte ich daran denken, als ich meine Milch trank. Was konnte nur schwarz sein? Ich fing an, Angst zu bekommen, daß Anna eine schwarze Perücke erhielt. Sie hatte himmelblaue Augen und mußte blonde Locken haben!

Am Tage vor dem Heiligen Abend wurde ich wie jedesmal zu den Tanten ins Stift gebracht, um dort bis zur Bescherung zu bleiben. Das war schon für sich ein Fest; der lange Weg zwischen den hohen Schneewällen zur Seite des Bürgersteigs kam mir stundenweit vor, und das alte Stift neben der Kirche war für mich eine wohlbekannte, aber immer gleich wunderbare fremde Welt. Ich wurde mit Bratäpfeln und Zuckerkringeln bewirtet, bekam zum Abendbrot Buchweizengrütze statt Milch, und mein Bett war wie allemal mitten in dem himmelblau gestrichenen Wohnzimmer zwischen den alten Möbeln in der größten Schublade von Tante Uschens Kommode gemacht. In diesem Jahr war es schon ein bißchen eng und unbequem, auch wenn ich mich ganz zusammenrollte. Aber es war trotzdem schön, da drin so wie im Nest zu liegen und draußen hinter den dicken Läden den Schneesturm sausen zu hören und hin und her die heisere Uhr vom Kirchturm oder die Schritte der Vorübergehenden.

Dann kam der Heilige Abend, ein Tag voll quirlender Unruhe und Erwartung für mich, die mich nicht zum rechten Genuß der eigens für mich auf dem Dreifuß gebackenen Apfelflinsen kommen ließen. Zudem mußte ich noch mal das Gedicht aufsagen, das mir schon so über war, daß ich mich dabei versprach. Zum Trost holte Tante Lusche lila Wolle, und wir spielten »Abheben«, und Tante Usche gab mir den Milchtopf mit dem blau-gelben Würfelmuster. Aber ich war doch erst zufrieden, als die Turmuhr fünf schlug und wir losgingen. Ich war so verpackt, daß ich kaum weiterkam. Während Tante Usche die vielen Schlösser zuschloß, reckte ich den Hals und guckte nach oben. Über dem mächtigen schwarzen Kirchendach und dem hohen schlanken Turm mit den geschweiften Giebelchen funkelten und glitzerten unzählige Sterne am dunkelblauen Nachthimmel. Über der schwarzen spitzenfeinen Krone der kahlen Pappel schimmerte ein sprühender weißer Schein. »Das ist die Milchstraße«, sagte Tante Usche. Und dann nahmen sie mich beide an die Hand, und wir trabten los. Der Schnee sang pfeifend wie Seesand, die Luft kam uns so eisig entgegen, daß es mir den Atem versetzte. Oft blieben die Tanten stehen, hielten mir ihre Muffen vors Gesicht und ließen mich ein bißchen Luft schöpfen in der Wärme. Dann guckte ich über das kribbelnde Pelzwerk nach den hellen Fenstern. Hier und da brannte schon ein Baum.

Ganz dicht vor dem Dom hörten wir die Stadtmusik, aber wir begegneten ihr nicht. Ganz leise kam es näher, schwoll an und ging weiter, feierlich und schön. Ich seufzte pustend in Luschens Muff, den sie mir fürsorglich vor meinen vor Freude weit aufgerissenen Mund hielt. Mir wurde benommen und ein bißchen übel bei dem Choral, als ob ich schon vom bunten Teller gegessen hätte.

Zu Hause wurde ich schnell aus meinen Hüllen gewikkelt. Minna war aufgeregt. »Er is noch nich da«, sagte sie immer wieder. Ich dachte, sie meinte den Weihnachtsmann, und wartete geduldig in dem halbdunklen Zimmer neben meiner leeren Puppenwiege. Endlich ging die Klingel – fast im selben Augenblick, wie die Türklingel draußen gezogen wurde; und dann durfte ich, zappelnd vor Ungeduld, in das Vorderzimmer.

Es war hell und festlich. Vor dem Spiegel stand der brennende Weihnachtsbaum, viel, viel schöner als alle anderen Weihnachtsbäume, mit der alten silbernen Spitze und dem glitzernden Engel, mit dem kleinen Pappestorch, der sich immer drehte, und dem rotbackigen Wickelkind. Neben dem Tisch, auf dem Anna saß – rund und in einem schwarzseidenen Mäntelchen und mit richtigen blonden Zöpfen –, standen die Eltern, der Vater noch mit dem brennenden Wachsstock in der Hand, die Mutter übermüdet und gerührt mit gefalteten Händen, und warteten auf das Gedicht.

Ich war gar nicht in der Stimmung, es aufzusagen; ich brannte darauf, um den Baum zu hopsen, mich davor zu wälzen, bis die weiße, gute, gestickte Schürze grau war, Annas Zöpfe aufzuflechten – aber ich sah im Spiegel hinter dem Widerschein des strahlenden Baumes Minnas Hand, die einen Teller hielt, und auf dem Teller lag ein Paar Würstchen. Das führte mich auf den Weg der Pflicht. Tante Lusche sagte außerdem schon ganz leise hinter mir die erste Zeile:

Die schönste Zeit, die liebste Zeit,
sagt's allen Leuten weit und breit,
damit sich jeder freuen mag …

Weiter kam ich nicht. Minna kreischte und sprang zur Seite, Tante Usche schrie auch und schlug mit der Hand auf ihren braunen Taftrock, Tante Lusche sagte: »Nun sieh einer!« und Vaters Wachsstock erlosch, nachdem er den Teppich gründlich betropft hatte. Etwas Schwarzes, Ruschliges und sehr Winziges zappelte sich aus den braunen Taftrüschen, in denen es sich im Hereinjagen verfangen hatte, prustete vor Aufregung, überkugelte sich, starrte entsetzt den Weihnachtsbaum an, heulte ein bißchen, wütete sich und kläffte uns mit heisrem Hundestimmchen an.

Alle anderen waren ärgerlich und erschrocken. Ich allein war gleich entzückt. Das Lebendige! In meinen Augen war dies sofort der schönste Hund. Die Mutter fing an zu lachen, »Aber Mohrchen!« sagte sie und versuchte, ihn zu greifen. Mohrchen machte sich bocksteif und zog sich in den Weihnachtsbaum zurück. Die Nadeln pikten ihn, und er kam beleidigt wieder ein bißchen vor. Ich stürzte auf ihn zu, packte ihn, wickelte ihn in die Schürze und schleppte ihn ab. Er zappelte verzweifelt und gnappte; aber ich war zu eifrig, ich stopfte ihn sofort in die birkne Puppenwiege, deren Bettchen alle frisch bezogen waren. Mohrchen lag vor Angst und Schrecken einen Augenblick ganz still; ich konnte sein kleines Hundegesicht sehen, es hatte etwas Menschliches und Weises mit großen, klugen, gelbbraunen Augen und einem weißen Bart um die schwarze Nase. Ich dachte, es würde ihm guttun, auf all die Aufregung ein bißchen zu schlafen, und begann ihn zu wiegen – da faßte ihn das Entsetzen, er sprang heraus, daß die Puppenbetten nach allen Seiten flogen, sah sich verstört nach einem Zufluchtsort um und sprang dann in den Schirmständer an der Flurtür.

Wir standen nun alle davor und sahen etwas ratlos auf das kleine Pinschergesicht zwischen den Schirmen. Mohrchen war vor Erregung ganz unsinnig, knurrte und biß in die leere Luft und zeigte seine puppenkleinen Zähne.

All die Zeit stand die andre Flurtür zum Saal weit offen, und der sanfte goldne Schein der still brennenden Lichter leuchtete bis zu uns.

Endlich traute sich Minna an den Hund heran, sie hatte die Schuhe ausgezogen, kam auf Strümpfen geschlichen und streichelte ihn ganz sacht unter leisem Zureden mit einer altersweichen Bürste.

Erst sprang er herum, fast wie ein zorniges Kätzchen, und wollte die Bürste beißen; aber er besann sich, knurrte ganz leise und beinah behaglich, und seine steifen Glieder wurden weich und beweglich. Er sah Minna mit den klugen Bernsteinaugen an, zitterte nur ganz leise, als sie ihn nun mit der rauhen Hand streichelte; dann kroch er vorsichtig aus dem Schirmständer, schnupperte und sah uns alle prüfend an.

Da fühlte ich, daß man Mohrchen auch ein bißchen entgegenkommen mußte. Ich faßte einen großen Entschluß. Ganz schnell glitt ich in die Küche, wo Minna den Teller mit meinen Würstchen auf den Wärmeofen gestellt hatte. Ich schob ihren Stuhl heran und nahm den Teller. Die Würstchen waren blank und rosa und rochen verführerisch. Ich biß noch ganz rasch einen großen Happen von der einen ab, und als der fette heiße Saft mir Gesicht und Schürze bespritzte, wurde ich bekümmert, es war für mich ein großes Opfer. Aber ich ging zurück und hielt sie Mohrchen hin. Er schnupperte dran und wich zurück, aber dann kam er wieder und fraß alle beide gierig auf, nur die Pelle spuckte er aus. Nach dem letzten Bissen stürzte er in die Küche an die Leitung und sah Minna an. Wir waren alle voll Bewunderung über seine Klugheit. Minna füllte ihm ein irdenes Schüsselchen, und er sprang vor Freude an ihr hoch und lief vergnügt neben ihr her, als sie es nach vorn trug und unter den Weihnachtsbaum setzte, an dem eben das erste der heruntergebrannten Lichte erlosch. Mohrchen steckte seine rosa dünne Zunge in das Wasser und schlappte gierig, dann drehte er sich um und sprang an jedem von uns hoch und bellte ein bißchen. Zwischenein starrte er noch einmal den Baum an, als wunderte er sich, wie er dunkel wurde. Dann lief er durch den ganzen Saal, und zuletzt fand er Mutters gesticktes weiches Fußkissen. Da sprang er hinauf, legte die schwarze kleine Nase auf die Pfoten und schlief sofort ein. Er schnupperte noch ein bißchen im Traum, und als ich neben ihm kniete und ihn bewundernd in Ruhe ansah, fühlte ich an meiner Hand auf dem Kissen, wie sein kleines Herz noch jagte.

Ich war so glücklich über ihn, daß ich den ganzen Abend nach meinen andern Geschenken, sogar nach dem bunten Teller, kaum hinsah. Erst beim Schlafengehen schlug mir das Gewissen, und ich nahm Anna ins Bett. Sie gefiel mir gar nicht mehr mit ihren starren, offenen Augen, aber sie tat mir gerade darum leid. Im Einschlafen hörte ich Mohrchen pustend atmen. Minna hatte ihn mit dem Kissen in die Ofenecke getragen. Da dachte ich noch einmal dankbar an den Weihnachtsmann. –

Fünfzehn Jahre ist Mohrchen bei uns gewesen. Jedesmal am Advent, wenn der Baum ins Haus kam, sprang und blaffte er vor Vergnügen; denn mit dem großen Baum kam ein ganz kleines Bäumchen nur für ihn, daran hingen am Heiligen Abend, wenn der große Baum im Schein seiner weißen Lichte strahlte, ein Paar Würstchen. Vielleicht freute er sich darauf schon, wenn der Tannenbaum kam. Vielleicht aber dachte er – denn er war viel, viel klüger als andre Hunde – an den Weihnachtsabend, als der Weihnachtsmann ihn mir brachte – mein kleines, scheues, lebendiges Geschenk.

Leonard Wibberley
Die Zeit, in der die Schafe lammen

Im hohen Sommer und im tiefen Winter, über den Hampshire-Dünen, wo der Schäfer lebt, jahraus, jahrein, lag immer ein Hauch von Ewigkeit. Die Landschaft machte es – die unendliche Weite des Himmels und die kaum geringere Endlosigkeit der Wiesen darunter und zwischen beiden die niemals endende Bewegung des Windes. Der Knabe, der dem Schäfer half, fürchtete sich manchmal vor dieser Weite des Himmels und der Erde. Er kam sich winzig und einsam vor.

Wenn ihn die Furcht überfiel, warf er sich in das kurze, harte Gras und suchte Trost bei den kleinen Insekten, die so viel winziger waren als er und dennoch in einer so gewaltigen Welt lebten. Seine Furcht und seine Einsamkeit verschwanden. Unbesorgt gingen die Tierchen ihren Geschäften nach. In der Welt war wieder alles in Ordnung. Vielleicht lag es nur daran, daß er noch ein Knabe war, wenn die Größe der Welt ihn so erschreckte.

Der Schäfer bot dem Knaben keinen Trost. Darum mußte er sich auch an die Insekten wenden. Der Schäfer hatte sein ganzes Leben auf den Dünen von Hampshire verbracht. Er wohnte in einer häßlichen Wellblechhütte, die, wenn die Schafe auf entferntere Plätze geführt werden mußten, von einem Pferd gezogen wurde. Der Schäfer hieß Rolfe. Er war ein alter Mann – hochgewachsen und hager. Und er war ein unabhängiger Mann, und die Unabhängigkeit seiner Ansichten, verbunden mit der Einsamkeit seines Lebens, trennte ihn von den übrigen Bewohnern des Dorfes. In den Augen der Dörfler war Rolfe eine Welt für sich – stark und klaglos wie die klaglose Erde. Einmal, kurz nachdem der Knabe zu dem Schäfer geschickt worden war, fragte er Rolfe, ob er keine Angst habe, allein auf den Dünen zu leben.

»Angst wovor?« fragte Rolfe.

»Nun, vor der Größe der Dünen«, sagte der Knabe.

»Ach«, sagte der Schäfer, »hab keine Angst.«

»Auch nicht, wenn es nachts so ganz still ist – wenn die Sterne aussehen, als ob sie einen bewachten und belauschten?«

»Nein«, wiederholte der Schäfer, »zu keiner Zeit.« Bei anderer Gelegenheit fragte der Knabe den Schäfer, ob er nicht an Schutzengel glaube. Undeutlich erinnerte er sich daran, daß seine Mutter ihm davon erzählt hatte – lange bevor sie starb. »Ein Mann sorgt für sich selbst – das ist alles«, antwortete Rolfe.

Der Knabe dachte, das sei wohl richtig für einen Mann, aber er war noch keiner. So wandte er sich an die Insekten, um sich über sein einsames Leben zu trösten. Allmählich glaubte er fest daran, daß er mit dem Schäfer und den Schafen ganz allein war und daß niemand sonst sich um ihn kümmerte. Es gab noch andere Dinge, die den Knaben erschreckten – zum Beispiel die Hünengräber auf den Dünen. Das waren Erhebungen von etwa dreißig Meter Höhe, manchmal auch viel höher noch. Oben auf den Grabhügeln wuchsen Bäume – die einzigen Bäume in der riesigen Weite des Graslandes. Niemand aber bestieg jemals solch einen Hügel, denn jedermann wußte, daß sie verhext waren. Niemand näherte sich ihnen bei Nacht. In den Hügeln waren die Skelette von Riesen verborgen, die einst als Häuptlinge diese Gegend beherrscht hatten. Sie standen in ihren Gräbern und blickten nach Osten. Das jedenfalls hatte Pastor Irving erzählt. Sie waren so begraben worden, damit sie den ersten Strahl der Morgensonne erhaschen konnten. Immer, wenn der Knabe bei seiner Arbeit an den Hünengräbern vorbeimußte, ging er auf der westlichen Seite. Er hatte Angst vor der Ostseite, denn er glaubte fest daran, daß die riesigen bewaffneten Skelette ihn durch die Erde hindurch beobachteten. Er hatte Angst davor, von ihnen gesehen zu werden.

Rolfe, obgleich schweigsam und streng mit dem Knaben, war ein ausgezeichneter Schäfer. Er wußte viel über die Schafe. Er hatte verschiedene Rassen in seiner Herde – Cheviots, schwarzgesichtige Hampshires und die ungeduldigen Weißgesichtigen von den Wicklow-Bergen: Rolfe kannte die Besonderheit jeder Rasse. Die Cheviots waren nervös und liefen mutwillig umher, während sie grasten. Die Hütehunde hatten viel Arbeit mit ihnen, um sie zusammenzuhalten. Die Hampshires waren gute Fleischschafe, ganz zufrieden mit dem Futter der Gegend, in die man sie gerade führte. Und die Wicklows hatten ausgezeichnete Wolle, aber sie waren unruhig wie die Cheviots. Eine Kleinigkeit, ein plötzlicher Lichtwechsel, durch Wolken hervorgerufen oder durch einen Schwarm Krähen, versetzte sie in Panik. Aber wenn sie in Galopp gerieten, konnten sie sich leicht ein Bein brechen, und dann mußten sie getötet werden. Der Knabe verstand diese Neigung der Schafe, wegzulaufen. Alles, was auf den Dünen plötzlich oder außergewöhnlich geschah, war erschreckend.

Manchmal, wenn die Wolle der Tiere ganz dick war, sprangen sie plötzlich auf, als ob sie etwas Schreckliches gesehen hätten, stolperten und fielen um. Sie lagen auf dem Rücken auf ihrem dicken Vlies und strampelten, als lägen sie in einem Federbett. Sie waren so hilflos wie Schildkröten. Sie strampelten mit den Beinen und versuchten sich umzudrehen. Es gehörte zu den Aufgaben des Knaben, ein paarmal am Tag die Runde um die Herde zu machen und nachzusehen, ob ein Tier auf diese Weise gefangen war. Der Knabe nahm dabei einen der Hunde mit – den, den der Schäfer Blindy nannte. Es war eine alte englische Schäferhündin. Er hatte versucht, sich mit den Hunden anzufreunden – mit Blindy und Tater, einem Collie –, aber Rolfe verbot das.

»Verdirb die Hunde nicht durch deine Streichelei«, sagte er. »Das sind Arbeitstiere, die sofort faul werden, wenn man mit ihnen herumspielt.« Rolfe hatte die Hunde auch gern. Der Knabe fühlte das, obwohl der Schäfer es nie zeigte.

In der Tat waren die Hunde ausgezeichnete Arbeiter. Sie wußten über Schafe weit besser Bescheid als der Knabe. Und lange Zeit war er in ihrer Anwesenheit richtig befangen. Blindy war geduldig und ausdauernd. Sie rannte den ganzen Tag und jagte die Schafe aus gefährlichen Gegenden – zum Beispiel bewahrte sie sie davor, auf die Hünengräber zu klettern, an deren Abhängen es zahllose Kaninchenbauten gab, in denen sich die Tiere ein Bein brechen konnten. Blindy war niemals bissig – wie Tater manchmal. Aber Tater war der intelligentere. Der Collie konnte zählen. Wenn die Herde zusammengetrieben werden mußte, vor allem in der Lammzeit oder im Frühsommer, wenn sie getaucht werden sollte, um das Ungeziefer in den Fellen zu töten, oder, etwas später im Jahr, wenn sie geschoren wurde, dann brachte Tater seine Rechenkünste an.

Die Herde wurde in einen gewaltigen Pferch getrieben. Eine bestimmte Anzahl wurde von Zeit zu Zeit herausgelassen, entweder um geschoren oder getaucht zu werden. Rolfe streckte drei oder vier Finger in die Höhe, und Tater schickte genau die gewünschte Anzahl von Schafen dahin, wo sie hinsollten.

Blindy hatte ihre beste Zeit, wenn die Schafe lammten. Bei jedem Wetter lief sie los, um zu sehen, ob eines der Muttertiere Schwierigkeiten hatte, sein Junges zu bekommen. Sie hielt Wache während der Geburt, und wenn ein Muttertier starb, lief Blindy zu Rolfe und brachte ihm das verwaiste Lamm.

Solche Waisen wurden regelmäßig in die Wellblechkarre gebracht und dort ernährt und gewärmt, bis eine Stiefmutter gefunden war.

Bei solchen Gelegenheiten sah der Knabe Rolfe in einem neuen Licht. Der Schäfer war nicht länger schweigsam und unnahbar, sondern zärtlich und besorgt. Er machte eine Saugflasche zurecht und ermutigte das vor Angst in seinen Armen zitternde Lamm zu trinken. Manchmal wußten die kleinen Tiere nicht, wie sie das machen sollten. Rolfe tauchte seinen großen Zeigefinger in die Milch und steckte ihn dem Lamm in das weiche Maul, damit es daran saugte. Fing das Lamm, vom Instinkt getrieben, zu saugen an, gab der Schäfer ein leises glucksendes Lachen von sich, das tief aus seinem Innern kam. In solchen Augenblicken fand der Knabe die Welt nicht mehr so groß und leer und erschreckend.

Die Ernährung der verwaisten Lämmer war nur ein Teil der Arbeit. Man mußte auch eine Ersatzmutter für sie finden. Das war immer ein Muttertier, das sein Lamm verloren hatte. Es wurde eingefangen und in einen Pferch gebracht. Das Fell des toten Lammes wurde dem verwaisten übergezogen. Dann wurde die Waise mit in den Pferch gesperrt. Manchmal versuchten die Muttertiere die Kleinen zu töten, weil sie erkannten, daß es nicht ihre waren.

»So also«, sagte sich der Knabe, als er das zum erstenmal sah, »so geht es in der Welt zu. Man ist klein und allein, und die Welt ist voller Schrecken, und man hat niemanden, der einen beschützt.«

Jedoch, es fand sich eigentlich immer ein Muttertier, das das Junge annahm. Die Mutter schnüffelte am Fell ihres toten Lammes, das jetzt die Waise bedeckte. Zwischen Hoffnung und Mißtrauen schwankend, hielt sie das Junge von ihrem Euter fern – denn ihre Milch sollte nur dem eigenen Kind zugute kommen. Dann, in plötzlichem Entschluß, ließ sie das Lamm trinken.

Sehr oft wünschte sich der Knabe, daß sich jemand seiner so annähme. Das Dorf, aus dem er stammte, lag am Rande der Dünen in einer Senke und nannte sich Staneley. Der Knabe war von der Posthalterin aufgezogen worden, da seine Eltern gestorben waren, als er noch sehr klein war. Sie erhielt eine bestimmte Summe Geldes für ihre Mühe, entwickelte aber niemals irgendwelche Gefühle für das Kind – und der Knabe nicht für sie. Als er zwölf Jahre alt war und nicht länger zur Schule zu gehen brauchte, gab man ihn dem Schäfer in Obhut, damit er sein Brot selber verdiente.

Am Ende des Dorfes lag die Kirche, die sehr alt war und

einen Taufstein aus dem frühen Mittelalter hatte. An jedem Sonntag ging die Posthalterin mit dem Knaben in die Kirche. Und er tat das gern. Er hatte das Gefühl, daß hier wirklich für ihn gesorgt würde. Die Kirche stammte noch von den alten Angelsachsen, und die hatten an Gott geglaubt, darum bauten sie auch die Kirche. Aber die Dünen gehörten den alten Häuptlingen in den Hünengräbern, wo sie schwerbewaffnet durch die Erde hindurch nach Osten starrten. Gott blieb im Dorf und kam niemals hinaus in die Dünen, wo der Knabe allein war.

»Bitte, achten Sie darauf, daß der Junge jeden Sonntag zur Kirche kommt«, hatte der Pastor zu Rolfe gesagt, als ihm das Kind überantwortet wurde.

Rolfe erwiderte: »Da kann ich keine Versprechungen machen. Die Schafe müssen an Sonntagen genauso gehütet werden wie an anderen Tagen. Und seine Arbeit ist das Schafehüten.«

»Sie sollten ihm ein Beispiel geben, indem Sie selbst in die Kirche kommen«, sagte der Pastor. »Ich kann Ihnen jemand besorgen, der auf die Schafe achtet, wenn Sie beide in der Kirche sind.«

»Kein Mensch außer einem Schäfer kann auf die Schafe achten«, sagte Rolfe. »Und ich lasse meine Hunde auch nicht allein in den Dünen.«

»Dann sorgen Sie wenigstens dafür, daß der Knabe in die Kirche kommt«, beharrte der Pastor.

»Es ist doch völliger Unfug, in die Kirche zu laufen – wenn Sie meine ehrliche Meinung wissen wollen«, sagte Rolfe. »Engel und so was! Da gibt's den Wind und den Himmel und das Wetter, und das ist alles. Der Rest ist für die Dummen.«

Der Pastor wurde ärgerlich. »Sie sind kein junger Mann mehr, Rolfe«, sagte er, »und der Engel des Herrn wird eines Tages kommen und vor Gott Ihre Lebensrechnung aufmachen.«

»Wenn Sie meinen, daß ich sterben werde, dann stimmt das«, sagte der Schäfer. »Wenn ich tot bin, sorgt der Knabe für die Schafe.«

Dem Knaben wurde Angst bei dieser Aussicht. Das ganze Leben allein in den Dünen ... Er war tief entsetzt, aber er wußte, daß das sein Leben sein würde, und er versuchte, sich dafür abzuhärten.

Ein Jahr später erschien Rolfe in der Kirche. Es war im November – einem sehr milden November, in dem die Herbsttage andauerten, als sei mit dem Winter nicht mehr zu rechnen.

In der Woche hatte der alte Schäfer den Jungen ins Dorf geschickt, um Tabak zu kaufen, und hatte angedeutet, daß er am Sonntag in die Kirche kommen würde. Der Knabe verstand das als einen Wink für Pastor Irving. Und er brachte dem Geistlichen die Nachricht.

»Das freut mich«, sagte Irving, »sag dem Schäfer, daß ich sehr froh darüber bin.«

»So ein Quatsch«, sagte Rolfe, als der Knabe ihm berichtete. »Aber das Wetter ist schön, und ich kann die Tiere eine Zeitlang allein lassen, um ihm eine Freude zu machen. Denn der Pastor ist schon alt.«

Pastor Irving hatte sich für den Kirchenbesuch des Schäfers einen ganz besonderen Text herausgesucht. Er las im Evangelium über die Geburt Christi und predigte über jenen Teil, in dem von den Hirten auf den Feldern rings um

Bethlehem berichtet wird, die zuerst von der Geburt Christi erfuhren. Zunächst las er die Geschichte aus dem Lukasevangelium. Angestrengt hörte der Knabe zu.

»Und es waren Hirten in derselben Gegend auf dem Felde bei den Hürden, die hüteten des Nachts ihre Herde. Und siehe, des Herrn Engel trat zu ihnen, und die Klarheit des Herrn leuchtete um sie, und sie fürchteten sich sehr. Und der Engel sprach zu ihnen: Fürchtet euch nicht, siehe, ich verkündige euch große Freude, die allem Volk widerfahren wird. Denn euch ist heute der Heiland geboren ...«

Als Pastor Irving über die Hirten zu sprechen begann, stand Rolfe auf, hochgewachsen, grauhaarig, und blieb die ganze Zeit über stehen – vielleicht aus Höflichkeit, weil er ahnte, daß der Text an ihn persönlich gerichtet war.

»Gott hat den Engel zuerst zu den Hirten geschickt«, sagte Pastor Irving, »weil er ihre Einsamkeit kannte und wußte, wie verlassen sie sich in der riesigen Weite der Hügel unter der Endlosigkeit des Himmels fühlen mußten. Es war ein Beweis seiner Güte und Liebe, daß der Engel mit der Botschaft zuerst den einsamen Hirten erschien, die den Trost am dringendsten brauchten.«

Vielleicht glaubt er es jetzt, dachte der Knabe. Dann wird es für uns da draußen nicht mehr so einsam sein. Denn wenn Rolfe glaubte, würde Gott sich nicht auf das Dorf und die anderen Orte beschränken, in denen Menschen lebten, sondern auch draußen auf den Grasdünen sein mit seinen Engeln.

Aber es war vergeblich. Nach dem Gottesdienst war Rolfe unerschüttert.

»Der diese Geschichte geschrieben hat«, sagte der Schäfer zu Pastor Irving, »der wußte nichts über Schafe.«

Der Geistliche war erstaunt. »Warum sagen Sie so etwas?« fragte er.

»Also – das ist doch alles mitten im Winter passiert? Ich habe doch richtig gehört?«

»Ja«, sagte Pastor Irving.

»Aha«, sagte Rolfe. »Dann hab ich recht. Also genau in der Zeit, bevor die Schafe lammen. Da werden keine Engel zu den Schäfern geschickt, und da sind keine Lichter am Himmel, denn die würden die Tiere erschrecken, und sie hätten allesamt Fehlgeburten. Schafe müssen kurz vor dem Lammen ganz ruhig gehalten werden. Sogar meine Hunde wissen das. Also ist das auch wieder eine Geschichte für die Dummen, die es besser wissen. Und ich glaube nicht, daß die Engel zu den Schäfern gekommen sind – kurz vor dem Lammen. Nein, nein!«

Dem Knaben brach fast das Herz, als er es hörte – denn Rolfe hatte recht. Er kannte die Schafe. Besonders die Cheviots und die Wicklows würden rasend werden, wenn in der Nacht etwas Ungewöhnliches passierte. In der Lammzeit waren sie überhaupt besonders empfindlich. Und ein Engel am Himmel und Stimmen, die von überall her kamen, das konnte nicht die Art gewesen sein, in der es geschehen war. Es war also nicht wahr. Eine Geschichte für die Dummen, wie Rolfe sagte.

Und sie waren allein auf den Dünen und in der ganzen Welt, unter dem Himmel, in dem ruhelosen Wind, auf den leeren Weiden, zwischen den Grabhügeln der unheimlichen Häuptlinge.

Nach jenem Sonntag schickte Rolfe den Knaben ab und zu in die Kirche. Aber es war nicht mehr dasselbe. Er wurde nicht mehr so getröstet wie früher. Einmal nach einem dieser Gottesdienste gab Pastor Irving dem Knaben eine Bibel für Rolfe und ihn mit.

»Hast du ihn darum gebeten?« fragte der Schäfer mißtrauisch.

»Nein«, sagte der Knabe. »Er gab sie mir einfach. Er sagte, Sie wollten vielleicht darin lesen.«

Am Weihnachtsmorgen des nächsten Tages ging der Knabe ins Dorf und zur Kirche. Er tat sein Bestes, um an die Engel und die Hirten zu glauben, denn es fiel ihm so viel schwerer, ohne diesen Glauben zu leben. Pastor Irving erklärte ihm nach dem Gottesdienst, daß er mit ihm kommen würde, um den Schäfer zu besuchen. Er würde ein bißchen Tabak und andere kleine Gaben mitbringen. Den Knaben erschreckte diese Ankündigung, denn er wußte, daß Rolfe Besuche nicht gerne sah und besonders nicht in dieser Zeit, in der einige Muttertiere bald lammen sollten. Doch der Geistliche beharrte auf seinem Plan, und sie gingen zusammen hinaus.

Es hatte den Vormittag über geschneit, und als sie an den Wellblechkarren kamen, standen die Hunde Blindy und Tater davor und heulten kläglich. »Die armen Burschen«, sagte der Geistliche, »sie frieren in diesem Schnee.«

Aber der Knabe wußte, daß das nicht der Grund sein konnte. Die Hunde waren Kälte gewohnt. Die Tür des Wellblechkarrens war wegen des Wetters geschlossen. Der Knabe trat ein und sah Rolfe auf seinem Hocker neben dem Ofen sitzen. Er schien zu schlafen und angenehme Träume zu haben, denn er lächelte. Überrascht stellte der Knabe fest, daß Rolfe die Bibel aufgeschlagen hatte.

Die Hunde kamen hinter dem Knaben in die Bude, stellten sich vor den Stuhl, blickten den Schäfer ängstlich an und wimmerten. Und da wußte der Knabe, daß Rolfe gestorben war.

Mit sanftem Schritt trat der Geistliche auf den Toten zu und nahm ihm vorsichtig das Buch aus der Hand. Er zeigte dem Knaben die aufgeschlagene Seite. Es war das zweite Kapitel des Lukasevangeliums. Diese Stelle: »Und es waren Hirten in derselben Gegend auf dem Felde bei den Hürden, die hüteten des Nachts ihre Herde. Und siehe, des Herrn Engel trat zu ihnen, und die Klarheit des Herrn leuchtete um sie, und sie fürchteten sich sehr. Und der Engel sprach zu ihnen: Fürchtet euch nicht, siehe, ich verkündige euch große Freude, die allem Volk widerfahren wird ...«

Der Knabe las den Abschnitt und kämpfte mühsam, um seine Tränen zurückzuhalten. Freundlich sagte der Pastor: »Der Engel des Herrn ist zu ihm gekommen, und für ihn ist alles gut.«

Von draußen, durch das Stöhnen des Windes, hörte der Knabe das klägliche Bäh eines Mutterschafes und wußte, daß es sein Lamm haben sollte.

»Ja«, sagte er mit zitternden Lippen. »Der Engel des Herrn ist zu ihm gekommen, gerade vor der Lammzeit.«

Und er ging mit den Hunden hinaus, um für das Schaf zu sorgen. Und er wußte, daß er nie wieder allein auf den Dünen oder sonst irgendwo auf der Welt sein würde.

Quellenverzeichnis

Arnim, Elizabeth von
Coco, S. 24. Aus: Elizabeth von Arnim, Alle meine Hunde. Aus dem Englischen von Karin von Schab. Insel Verlag Frankfurt am Main und Leipzig 1993.

Brézan, Jurij
Hunds Tagebuch. S. 123. Aus: Jurij Brézan, Hunds Tagebuch. Mit Illustrationen von Volker Kriegel. © Aufbau Verlag GmbH & Co. KG, Berlin 2001 (dieses Werk erschien erstmals 2001 im Gustav Kiepenheuer Verlag; Gustav Kiepenheuer ist eine Marke der Aufbau Verlag GmbH & Co. KG.

Gernhardt, Robert
Die Geschichte von Bella, S. 13. Erstveröffentlichung: Süddeutsche Zeitung Magazin. No. 30, 24.7.1998. © Nachlaß Robert Gernhardt, durch Agentur Schlück.

Goldner, Bettina
Sternenstaub, S. 92. Aus: Manche mögen's weihnachtlich. Von Weihnachtssucht und Weihnachtsflucht. Herausgegeben von Brigitta Rambeck. Deutscher Taschenbuch Verlag GmbH & Co. KG, München 2007. Abdruck mit freundlicher Genehmigung der Autorin.

Highsmith, Patricia
Zu Weihnachten tickt eine Uhr, S. 57. Aus: Patricia Highsmith, Nixen auf dem Golfplatz. Erzählungen. Aus dem Englischen von Matthias Jendis. Copyright © 2007 Diogenes Verlags AG Zürich.

Link, Charlotte
Wirklich clever, dieser Weihnachtsmann, S. 50. Aus: Weihnachten mit Katze. Ausgewählt von Gesine Dammel. © by Charlotte Link und AVA – Autoren- und Verlags-Agentur, München-Breitbrunn.

Miegel, Agnes
Mohrchen, S. 131. Aus: Agnes Miegel, Mein Weihnachtsbuch © 1993, Diederichs Verlag, München, in der Verlagsgruppe Random House GmbH.

Roth, Eugen
Emir von Waldhagen, S. 9. Aus: Eugen Roth, Sämtliche Werke. Siebenter Band: Anekdoten und Erinnerungen. Erster Teil. © 1977 Carl Hanser Verlag München Wien. Abdruck mit freundlicher Genehmigung von Thomas Roth.

Undset, Sigrid
Fröhliche Weihnachten, S. 109. In: Glückliche Zeiten. Erzählung. Aus dem Norwegischen von Sophie Angermann. Verlag Bonner Buchgemeinde, Bonn 1957. Zitiert nach: Elche am Fjord. Die schönsten norwegischen Wintergeschichten. Herausgegeben von Holger Wolandt. Piper Verlag GmbH, München 2007.

Wibberley, Leonard
Die Zeit, in der die Schafe lammen, S. 139. Aus: Englische Weihnacht. Weihnachtserzählungen aus England. Herausgegeben von Ronald Sterne. Aus dem Englischen von Ursula von Wiese. Verlags AG Die Arche, Zürich.

Wickop, Hanne
Die drei Zuckerbäcker, S. 102. Aus: Weihnachtsbasar. Geschichten zur fünften Jahreszeit. Herausgegeben von Brigitta Rambeck. Deutscher Taschenbuch Verlag GmbH & Co. KG, München 2002. Abdruck mit freundlicher Genehmigung der Autorin.

Widmann, Joseph Viktor
Öhmchens Weihnachtsbaum, S. 81. Aus: Joseph Viktor Widmann, Aus dem Fasse der Danaiden. Zürich 1884.

Weihnachtsbücher
im Insel Verlag
Eine Auswahl

Alle Jahre wieder. Ein Weihnachtsbuch. Geschichten, Lieder und Bilder aus alter und neuer Zeit. Ausgewählt von Gottfried Natalis. it 1362. 446 Seiten

Hans Christian Andersen. Die Schneekönigin. Übersetzt von Eva-Maria Blühm. Mit farbigen Illustrationen von Birgit Ackermann. it 2578. 120 Seiten

Hans Christian Andersen. Weihnachts- und Wintermärchen. Ausgewählt von Ulrich Sonnenberg. it 2694. 180 Seiten

Elizabeth von Arnim. Weihnachten. Ausgewählt und übersetzt von Angelika Beck. Großdruck. it 2406. 126 Seiten

L. F. Baum. Der Weihnachtsmann oder Das abenteuerliche Leben des Santa Claus. it 3634. 160 Seiten

Peter Bichsel. Dezembergeschichten. Herausgegeben und mit einem Nachwort von Adrienne Schneider. IB 1295. 56 Seiten

Das Buch vom Schnee. Lesestoff für trübe Wintertage. Herausgegeben von Simone Frieling. it 2695. 221 Seiten

Deutsche Weihnachtslieder. Zweistimmig gesetzt von Helmut Walcha. Vignetten von Willi Harwerth. Notenschrift und Satzgestaltung: Paul Koch. IB 1027. 72 Seiten

Charles Dickens. Die Silvesterglocken. Ein Märchen von Glocken, die ein altes Jahr aus- und ein neues Jahr einläuteten. Mit elf Federzeichnungen nach der Erstausgabe von 1845. IB 89. 133 Seiten

NF 41/1/7.10

Charles Dickens. Der Weihnachtsabend. IB 1209. 120 Seiten

Charles Dickens. Weihnachtserzählungen. Mit Illustrationen von Leech, Stanfiels, Stone u.a. it 358. 512 Seiten

Es kommt ein Schiff. Gedichte und Bilder zu Weihnachten. Ausgewählt von Gottfried Natalis. IB 1041. 56 Seiten

Fröhlicher Advent. Geschichten, Gedichte und Rezepte. Herausgegeben und ausgewählt von Gesine Dammel. it 3459. 192 Seiten

Fröhliche Weihnachten. Auswahl von Kathrin Grothe. it 3384. Gebunden. 156 Seiten

Geheimnisvolle Weihnachten. Ausgewählt von Thomas Walldorf. it 3387. Gebunden. 161 Seiten

Geschichten vom Christkind und vom Weihnachtsmann. Ausgewählt von Peter Wenzel. it 2973. 110 Seiten

Geschichten vom Nikolaus. Gesammelt von Felix Karlinger. it 1769. 160 Seiten

Hermann Hesse. In Weihnachtszeiten. Erinnerungen, Betrachtungen, Gedichte. Ausgewählt von Volker Michels. it 2418. 122 Seiten

Hermann Hesse. Weihnachten. Ausgewählt von Volker Michels. it 3302. 120 Seiten

E. T. A. Hoffmann. Die Abenteuer der Silvester-Nacht. Mit farbigen Illustrationen von Monika Wurmdobler. it 798. 81 Seiten

Die Insel-Weihnachtsbücher. Drei Bände in Geschenkkassette
- Das Weihnachtsbuch. Mit alten und neuen Geschichten, Gedichten und Liedern. it 46. 297 Seiten

NF 41/2/7.10

- Das Weihnachtsbuch der Lieder. Mit alten und neuen Liedern zum Singen und Spielen. Mit zahlreichen Bildern. it 157. 208 Seiten
- Das Weihnachtsbuch für Kinder. Mit Geschichten, Gedichten und Bildern. Ausgewählt von Elisabeth Borchers. it 156. 292 Seiten

Jean Paul. Die wunderbare Gesellschaft in der Neujahrsnacht. Herausgegeben von Hermann Hesse. it 2262. 142 Seiten

Marie Luise Kaschnitz. Weihnachten. Ausgewählt von Iris Schnabel-Kaschnitz. it 3305. 120 Seiten

Leise rieselt der Schnee. Texte und Bilder. Auswahl und Nachwort von Gisela Linder. IB 1179. 72 Seiten

Märchen zur Weihnacht. Ein Hausbuch für groß und klein. Herausgegeben von Franz-Heinrich Hackl. it 1649. 292 Seiten

Merry Christmas. Die schönsten Weihnachtsgeschichten aus England. Ausgewählt und übersetzt von Ria und Günther Blaicher. it 3301. 250 Seiten

O Tannenbaum. Geschichten und Gedichte zur Weihnachtszeit. Ausgewählt von Gesine Dammel. it 2972. 120 Seiten

Alexandros Papadiamantis. Die Heilige Nacht auf dem Berg. Eine Weihnachtsgeschichte. Übersetzt von Andrea Schellinger. Mit einem Nachwort von Danae Coulmas. it 2419. 96 Seiten

Rainer Maria Rilke. Weihnachten. Briefe, Gedichte und die Erzählung »Das Christkind«. Ausgewählt und mit einem Nachwort versehen von Hella Sieber-Rilke. it 2865. 128 Seiten

Rainer Maria Rilke. Weihnachten. Ausgewählt von Hella Sieber-Rilke. it 3303. 120 Seiten

NF 41/3/7.10

Rainer Maria Rilke. Weihnachtsbriefe an die Mutter. IB 1153. 88 Seiten

Joachim Ringelnatz. Weihnachten. Ausgewählt von Ute Maack. it 3304. 120 Seiten

Romantische Weihnachten. Ausgewählt von Wolfgang Schneider. it 3386. Gebunden. 166 Seiten

Patrick Roth. Lichternacht. Weihnachtsgeschichte. Mit einem Essay von Michaela Kopp-Marx. Mit einem Filmbild. IB 1285. 55 Seiten

Schlaf in tödlicher Ruh. Weihnachtliche Kriminalgeschichten. Ausgewählt von Carolin Bunk und Hans Sarkowicz. it 3382. 177 Seiten

Die schönsten Weihnachtsgedichte. Ausgewählt von Gesine Dammel. it 2580. 128 Seiten

Die schönsten Weihnachtsgedichte. Ausgewählt von Gesine Dammel. it 3228. 94 Seiten

Die schönsten Weihnachtsgeschichten. Ausgewählt von Gesine Dammel. it 2830. 144 Seiten

Die schönsten Weihnachtsgeschichten. Ausgewählt von Gesine Dammel. it 3229. 114 Seiten

Die schönsten Weihnachtsgeschichten für Kinder. Ausgewählt und herausgegeben von Günter Stolzenberger. Mit Illustrationen von Claudia Weikert. it 3442. 182 Seiten

Die schönsten Weihnachtslieder. Ausgewählt von Wolfgang Schneider. it 3231. 127 Seiten

NF 41/4/7.10